COLEÇÃO
Eu gosto m@is

ENSINO FUNDAMENTAL

CIÊNCIAS
9º ano

1ª EDIÇÃO
SÃO PAULO
2012

IBEP

Coleção Eu Gosto Mais
Ciências 9º ano
© IBEP, 2012

Diretor superintendente	Jorge Yunes
Gerente editorial	Célia de Assis
Reformulação e adaptação de texto	Felipe A. P. L. Costa
Texto original	Antonio Carlos Pezzi
Assistente editorial	Érika Nascimento
Revisão	Berenice Baeder
	Maria Inez de Souza
Coordenadora de arte	Karina Monteiro
Assistentes de arte	Marilia Vilela
	Tomás Troppmair
Coordenadora de iconografia	Maria do Céu Pires Passuello
Assistentes de iconografia	Adriana Correia
	Wilson de Castilho
Produção editorial	Paula Calviello
Produção gráfica	José Antonio Ferraz
Assistente de produção gráfica	Eliane M. M. Ferreira
Capa e projeto gráfico	Departamento de arte IBEP
Editoração eletrônica	Figurativa Editorial

CIP-BRASIL. CATALOGAÇÃO-NA-FONTE
SINDICATO NACIONAL DOS EDITORES DE LIVROS, RJ

S713c

Pezzi, Antônio Carlos
    Ciências, 9º ano / Antônio Carlos Pezzi. - 1.ed. - São Paulo : IBEP, 2012.
    28 cm   (Eu gosto mais)

    ISBN 978-85-342-3423-8 (aluno) - 978-85-342-3427-6 (mestre)

    1. Ciências (Ensino fundamental) - Estudo e ensino. I. Pezzi, Antônio Carlos
II. Título. III. Série.

12-5676   CDD: 372.35
                                                                          CDU: 373.3.016:5

10.08.12   17.08.12   038025

1ª edição - São Paulo - 2012
Todos os direitos reservados

IBEP

Av. Alexandre Mackenzie, 619 - Jaguaré
São Paulo - SP - 05322-000 - Brasil - Tel.: (11) 2799-7799
www.editoraibep.com.br   editoras@ibep-nacional.com.br

Apresentação

Neste livro vamos estudar vários conceitos de física e química que possibilitam compreender muitos processos relacionados ao nosso dia a dia como a produção de eletricidade, as características do som e da luz, os elementos e as reações químicas entre outros.

Vamos estudar também aspectos de genética, evolução e biotecnologia, que elucidam conceitos básicos para o entendimento das aplicações e implicações do desenvolvimento tecnológico da atualidade.

Por fim, o livro aborda, numa visão histórica, o desenvolvimento da ciência e a aplicação da informática no mundo moderno.

Bom estudo!

Sumário

Capítulo 1 – Fontes de energia 7

Principais fontes de energia 8

Fontes alternativas de energia 12

A matriz energética 14

Capítulo 2 – Eletricidade 17

Eletrização de um corpo 18

Condutores e isolantes de eletricidade 20

Corrente elétrica 21

Circuito elétrico 22

Capítulo 3 – Magnetismo 29

Tipos de ímãs 30

Propriedades dos ímãs 30

Campo magnético 32

Capítulo 4 – Ondas e som 35

Ondas 36

Som 37

Capítulo 5 – Luz 41

Decomposição da luz branca 42

A cor dos objetos 42

Fontes de luz 43

Corpos luminosos e iluminados 44

Propagação da luz 46

Sombras 46

Aplicações das ondas luminosas 48

Reflexão e espelhos 52

Refração e lentes 56

Lentes esféricas delgadas 57

Defeitos da visão e as lentes 58

Capítulo 6 – Movimento 63

Movimento retilíneo uniforme (MRU) 64

Movimento variado (MV) 65

Capítulo 7 – Força e inércia 71

Elementos de uma força 72

Sistemas de forças 74

1ª Lei de Newton – Princípio da inércia 76

2ª Lei de Newton – Princípio fundamental da dinâmica 77

3ª Lei de Newton – Princípio da ação e reação.................................... 77

Máquinas simples.................................... 83

Capítulo 8 – Elementos químicos 87

Íons 88

Cátions 88

Ânions 88

A tabela periódica................................... 89

Distribuição eletrônica 91

Ligações químicas................................... 94

Regra do octeto 94

Tipos de ligações químicas 95

Capítulo 9 – As funções químicas 99

Compostos inorgânicos 100

Capítulo 10 – Fundamentos de genética 107

Os estudos de Mendel............................ 108

A interpretação de Mendel...................... 109

Revisitando os trabalhos de Mendel......... 109

A 1ª lei de Mendel 111

Noções de probabilidade........................ 117

Heredogramas 121

Capítulo 11 – Heranças Mendelianas em seres humanos........................ 126

Grupos sanguíneos do sistema ABO 127

Transfusões de sangue........................... 128

Teste de paternidade.............................. 129

Herança do fator Rh 135

Capítulo 12 – Outros padrões de herança 139

Sistema XY.. 140

Anomalias ligadas ao sexo...................... 141

Capítulo 13 – Biotecnologia 146

A descoberta do DNA 147

Clonagem e a ovelha Dolly 148

Novas técnicas 150

Projeto Genoma Humano 151

Capítulo 14 – Evolução 158

O lamarckismo 159

O darwinismo 159

Teoria sintética da evolução,
o neodarwinismo 162

Seleção artificial 162

O criacionismo 163

Capítulo 15 – O mundo moderno 169

O conforto a ciência e a tecnologia 172

O futuro do planeta 177

Capítulo 16 – Informática 184

Comunicação virtual 185

Máquinas inteligentes e robótica 188

Capítulo 1

FONTES DE ENERGIA

Qualquer tipo de trabalho que um ser vivo realiza exige do seu organismo certo gasto de energia.

Automóveis também necessitam de energia para seu deslocamento, assim como embarcações, aeronaves e quaisquer veículos automotivos e maquinários. Assim, todo e qualquer tipo de trabalho depende de uma fonte de energia.

Essa afirmativa vale tanto para os seres vivos como para as máquinas construídas pelo ser humano.

No caso dos seres vivos, há constante produção de energia nas células pelo processo de respiração celular. Já para movimentar as máquinas é preciso retirar energia da natureza.

As fontes de energia podem ser classificadas em renováveis ou não renováveis.

Principais fontes de energia

Hidrelétricas

Em muitos países representam a maior fonte produtora de eletricidade, como no Brasil (90%), por exemplo.

A água represada no reservatório das usinas hidrelétricas é despejada sobre enormes turbinas (geradores), fazendo com que elas produzam eletricidade. Essa energia chega às cidades por meio de linhas de transmissão e, antes de ser usada, tem a sua voltagem reduzida por enormes transformadores.

Detalhe das turbinas de hidrelétrica.

Torre de transmissão de energia.

Além de não poluir o meio ambiente, as usinas hidrelétricas são uma fonte barata e renovável de energia, prejudicada, porém, quando a diminuição das chuvas compromete o nível de água nas represas.

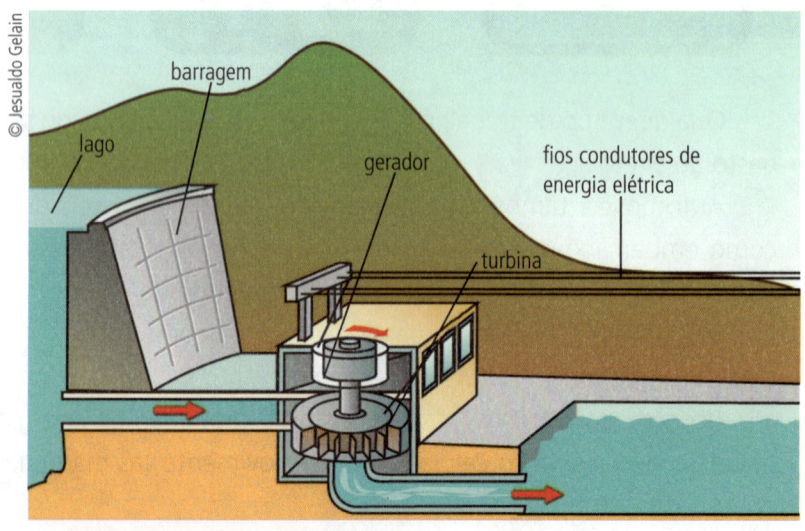

Funcionamento de uma usina hidrelétrica.

> **Você sabia?**

Usina hidrelétrica de Belo Monte

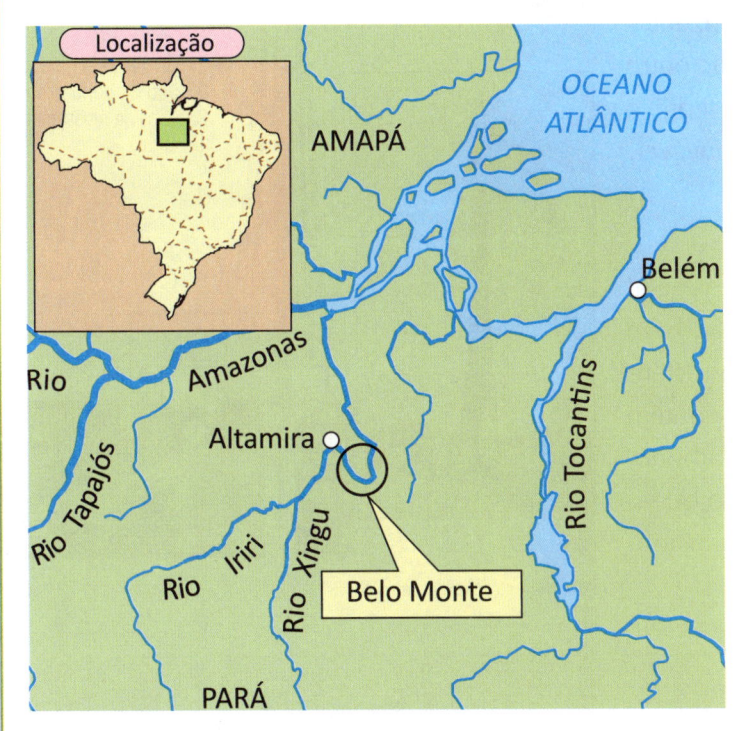

Belo Monte é uma usina hidrelétrica projetada para ser construída no rio Xingu, no estado brasileiro do Pará. Sua potência instalada será de 11,233 GW, o que fará com que seja a maior usina hidrelétrica inteiramente brasileira. O reservatório terá 516 km² em áreas de cinco municípios paraenses: Altamira, Brasil Novo, Vitória do Xingu, Anapu e Senador José Porfírio.

Se concluída, a usina será a terceira maior hidrelétrica do mundo, atrás apenas da chinesa Três Gargantas e da binacional Itaipu (localizada na fronteira entre Brasil e Paraguai). A energia assegurada pela usina terá a capacidade de abastecimento de uma região de 26 milhões de habitantes, com perfil de consumo elevado como a região metropolitana de São Paulo. Seu custo é estimado hoje em R$ 19 bilhões. A construção da usina tem opiniões conflitantes. Ambientalistas e acadêmicos defendem que a construção da hidrelétrica irá provocar a alteração do regime de escoamento do rio, com redução do fluxo de água, afetando a flora e fauna locais e introduzindo diversos impactos socioeconômicos. Um estudo realizado por 40 especialistas, com 230 páginas, defende que a usina não é viável dos pontos de vista social e ambiental.

O Ibama, no seu relatório, listou os impactos da hidrelétrica; entre eles, podemos citar:

• Interrupção de acessos na cidade de Altamira, causada pela formação do Reservatório do Xingu;

• Mudanças nas condições de navegação, causadas pela formação dos reservatórios;

• Interrupção da navegação no trecho de vazão reduzida nos períodos de seca;

• Perda de ambientes para reprodução, alimentação e abrigo de peixes e outros animais no trecho de vazão reduzida;

• Formação de poças, mudanças na qualidade das águas e criação de ambientes para mosquitos que transmitem doenças no trecho de vazão reduzida;

• Prejuízos para a pesca e para outras fontes de renda e sustento no trecho de vazão reduzida.

Carvão mineral

Teve origem a partir de muita matéria vegetal soterrada, há milhões de anos.

Esse **carvão fóssil** é encontrado sob diferentes formas, de acordo com sua idade:

Florestas soterradas, **turfa** (restos vegetais), **hulha** ou **carvão coque** (usado em siderúrgicas) e **antracito**, a forma mais velha e que produz mais energia quando queimada.

Existem dois sérios problemas em relação ao carvão mineral: entre os combustíveis fósseis, é aquele que mais polui; e as reservas mundiais conhecidas não devem durar mais de duzentos anos. Portanto, assim como o **petróleo**, outro combustível fóssil, o carvão, esgota-se com o tempo, isto é, é um combustível **não renovável**.

Petróleo

Também é formado por material vegetal e animal soterrado, por isso é encontrado em terrenos de rochas sedimentares. Sua consistência é oleosa e de coloração escura, e contém os elementos químicos hidrogênio e carbono, além de produzir mais calor (energia) do que o carvão; por outro lado, é uma das maiores fontes poluidoras.

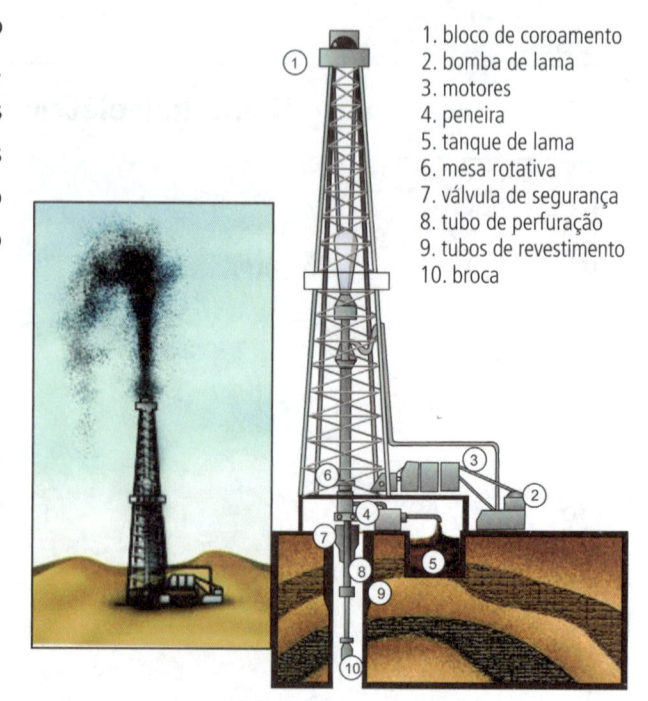

1. bloco de coroamento
2. bomba de lama
3. motores
4. peneira
5. tanque de lama
6. mesa rotativa
7. válvula de segurança
8. tubo de perfuração
9. tubos de revestimento
10. broca

Poço de extração de petróleo.

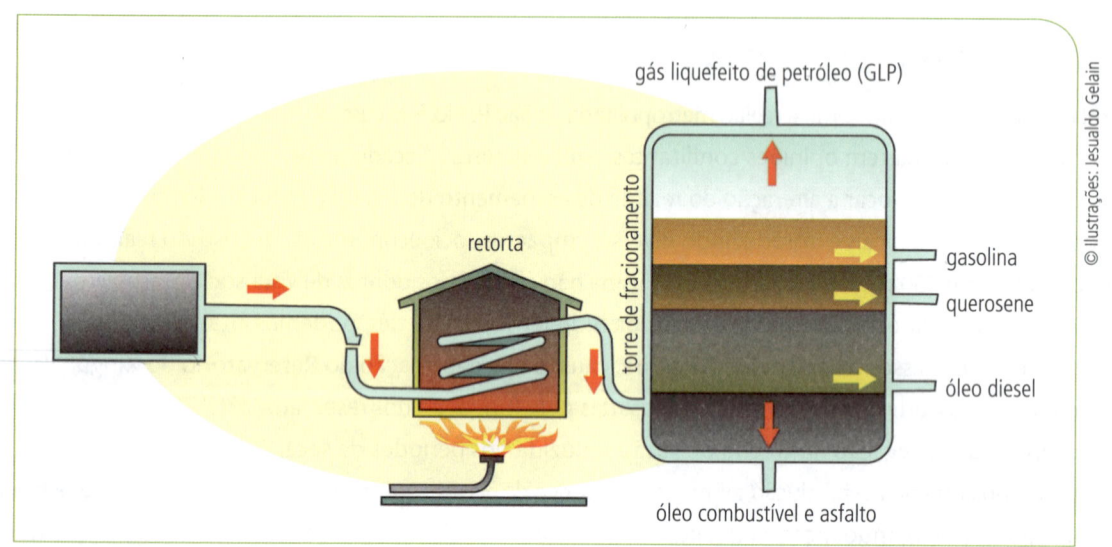

O refino do petróleo.

Depois de extraído, o petróleo vai para as refinarias, onde passa por uma série de processos e é separado em inúmeros produtos, desde óleo diesel e gasolina até gás liquefeito ou GLP, importantes e baratos combustíveis que passaram a ser consumidos pela humanidade, numa escala ainda maior do que o carvão mineral.

Plataforma de extração petrolífera.

Você sabia?

As descobertas da camada de pré-sal na Bacia de Santos

Em novembro de 2009, foi descoberta uma grande reserva de gás natural e petróleo na Bacia de Santos em águas profundas da área de Tupi.

O petróleo do pré-sal está em uma rocha reservatório localizada abaixo de uma camada de sal nas profundezas do leito marinho a mais de cinco mil metros.

As descobertas do pré-sal irão triplicar as reservas de petróleo e gás natural do Brasil. A estimativa é que a produção alcance a marca de 50 bilhões de barris.

A extração do óleo e do gás da camada pré-sal é um processo complexo e demanda tempo e dinheiro.

Mapa com a localização dos poços já encontrados.

Esquema que mostra onde está localizada no mar a camada pré-sal.

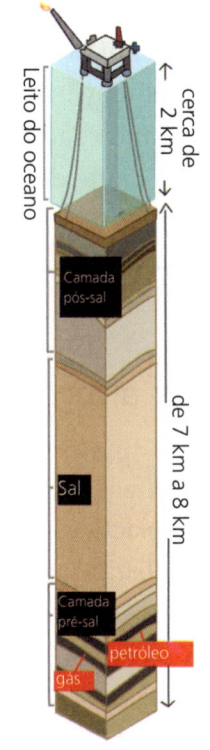

Mapa da região por onde se estende a camada pré-sal.
A camada se estende por uma faixa de 800Km, que vai do litoral de Santa Catarina ao do Espírito Santo.

Camada em área ultraprofunda que fica 7.000 e 8.000 metros abaixo do leito do mar, depois de uma camada de sal.

Disponível em: <www.petrobras.com.br>. Acesso em jul. 2012.

Gás natural

Plantas e animais que morreram e foram soterrados, mas não sofreram decomposição, isto é, não foram "desmontados" em sais minerais, acabaram sofrendo pequenas modificações ao longo de muito tempo e deram origem a 80% do combustível que serve como fonte de energia no mundo inteiro: carvão mineral, petróleo e gás natural.

O gás natural, cujas reservas são relativamente abundantes, mas finitas, além de poluir menos do que o carvão e o petróleo, é muito eficiente para gerar eletricidade; entretanto, requer grandes investimentos para o seu manuseio e transporte.

Energia nuclear

Para os países desenvolvidos, a quebra (usa-se o termo **fissão**) de **urânio** ou **plutônio**, elementos radioativos encontrados na natureza, é uma importante fonte de energia elétrica.

A França, por exemplo, tem na fissão do urânio quase 80% do total de energia produzida no país.

Apesar de o urânio ser uma fonte não renovável de energia, as quase 450 usinas nucleares do mundo não emitem poluentes quando geram eletricidade, mas produzem "lixo radioativo", que, enterrado ou encaixotado em concreto e mantido submerso nos oceanos, continua emitindo radiação por centenas de anos.

A tecnologia e o conhecimento científico fizeram as usinas nucleares mais seguras, porém ninguém esquece o acidente de Chernobyl, na Ucrânia, em 1986. A explosão de um reator atômico daquela usina contaminou toda a região, provocando a morte de várias pessoas e debilitando a saúde de muitas outras. Em março de 2011, houve o acidente na usina de Fukushima, no Japão, com resultados igualmente desastrosos.

Central nuclear da usina Angra I, em Angra dos Reis (RJ).

Fontes alternativas de energia

Solar

Grandes placas espelhadas, os painéis fotovoltaicos ou solares, captam a luz do Sol para transformá-la em eletricidade.

É uma boa solução, mas seu custo ainda é elevado. No entanto, alguns estudiosos acreditam que o custo deverá cair progressivamente num futuro próximo, estimulando cada vez mais a adoção em larga escala dessa fonte de energia.

Painéis fotovoltaicos para captação de energia solar.

Eólica

O vento faz girar as pás de grandes hélices instaladas em altos postes, os aerogeradores, o movimento das mesmas é convertido em eletricidade.

Aerogeradores para energia eólica.

Geotérmica

A alta temperatura do subsolo de algumas regiões do planeta, que pode provocar a formação de fontes termais e gêiseres, é usada para produzir eletricidade (energia termoelétrica).

A água passa perto de lava vulcânica, que não consegue sair do subsolo e fica superaquecida e, sob alta pressão, chega à superfície, como acontece na Califórnia (Estados Unidos), Nova Zelândia e Itália.

O vapor d'água sob pressão é captado e faz girar turbinas e geradores que produzem eletricidade.

Embora represente menos de 0,4% da eletricidade produzida no mundo, em alguns países, essa já é uma fonte significativa. Na Islândia, por exemplo, quase 30% da energia elétrica gerada no país vêm de fontes geotérmicas.

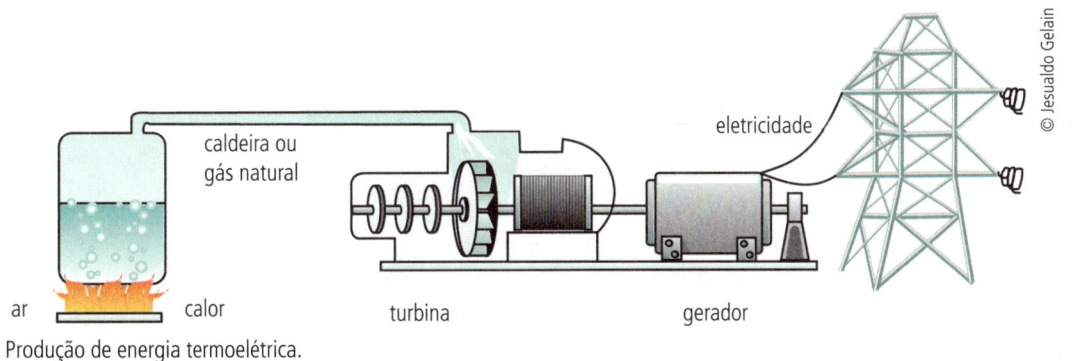

Produção de energia termoelétrica.

Biomassa

Consiste na queima de lenha nos fogões, do carvão vegetal nas antigas locomotivas, do óleo de baleia em lamparinas etc.

Chama-se biomassa a quantidade de matéria num ser vivo, vegetal ou animal.

Algumas usinas, inclusive no Brasil, já retiram energia do lixo, como, por exemplo, bagaço de cana-de-açúcar, casca de arroz e até estrume de vaca. Não é uma alternativa muito utilizada, corresponde a apenas 1% da energia elétrica mundial, além de poluir a atmosfera.

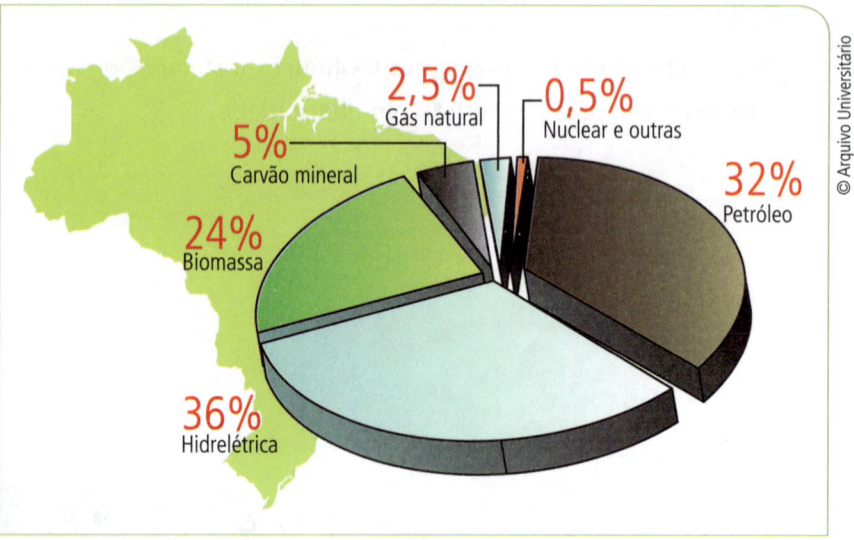

O consumo de energia no Brasil.
(Petróleo 32%, Hidrelétrica 36%, Biomassa 24%, Carvão mineral 5%, Gás natural 2,5%, Nuclear e outras 0,5%)

Outro combustível é o **biogás**, obtido da decomposição do lixo e do esgoto por microrganismos que trabalham sem oxigênio, isto é, fazem a fermentação do material (biodigestão) que produz o **gás metano**, usado como combustível de ônibus, automóveis e caminhões.

Óleo de girassol ou óleo de soja poderão, num futuro próximo, ser usados como combustível.

Outro **biocombustível** (combustível obtido de um ser vivo) é o **álcool etílico**, produzido pela destilação da cana-de-açúcar fermentada, substituindo a gasolina para o funcionamento dos motores de automóveis à explosão.

A matriz energética

A matriz energética é a representação quantitativa da oferta de energia, ou seja, da quantidade de recursos energéticos oferecidos por um país ou por uma região.

No caso do Brasil, a matriz de energia elétrica está assim distribuída:

Tipo de energia elétrica disponível – Porcentagem em relação ao total

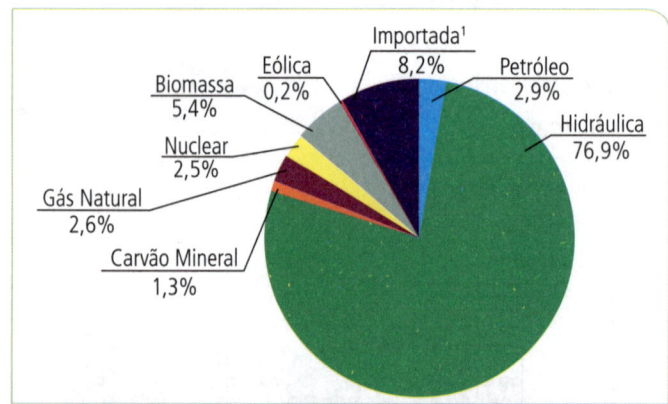

(Hidráulica 76,9%; Importada[1] 8,2%; Biomassa 5,4%; Petróleo 2,9%; Gás Natural 2,6%; Nuclear 2,5%; Carvão Mineral 1,3%; Eólica 0,2%)

[1] A energia importada é aquela que vem de outros países e também engloba alguns dos outros tipos de energia constantes do gráfico.

Fonte: *Balanço energético nacional 2010* – ano base 2009. Brasília: Ministério das Minas e Energia, 2010. Disponível em: < https://ben.epe.gov.br/downloads/Relatorio_Final_BEN_2010.pdf>. Acesso em: mar.2012.

ATIVIDADES

1 Observe a imagem e responda:
Como o atleta da ilustração obtém energia para o seu trabalho na esteira?

_____
_____
_____
_____
_____
_____

2

a) Qual é o significado de substituir o petróleo pelo álcool como fonte de energia?

_____
_____
_____
_____

b) Cite duas consequências negativas da plantação de cana-de-açúcar.

_____
_____
_____
_____

3 Qual é a importância da fotossíntese na formação da biomassa que serve como fonte de energia?

_____
_____
_____
_____

4) Observe as imagens e dê o tipo de energia utilizada em cada uma delas

a) _____

b) _____

c) _____

d) _____

e) _____

5) Apesar do grande valor econômico da reserva de petróleo do pré-sal, cite dois obstáculos para a extração do chamado "ouro negro".

_____
_____

6) Explique a seguinte afirmação: "A energia do álcool obtido da cana-de-açúcar e usada nos automóveis provém da luz".

_____
_____

Capítulo 2

ELETRICIDADE

Quando falamos em eletricidade, logo pensamos em equipamentos elétricos criados pelo homem, raramente pensamos nos relâmpagos e na existência da eletricidade no nosso corpo e no de outros animais.

Apesar de a eletricidade ser fundamental para nossas vidas, sabemos da necessidade de evitar o desperdício economizando energia.

A eletricidade está presente em nosso dia a dia. Sempre existiu, e sua história começa na Grécia, por volta do ano 600 a.C., quando o filósofo e matemático Thales de Mileto observou que um pedaço de âmbar adquire a capacidade de atrair objetos pequenos e leves.

Âmbar é uma resina de cor amarelada ou castanha, obtida pelo endurecimento da seiva de algumas árvores.

Em meados de 1570, o médico inglês William Gilbert retomou as observações de Thales com outros materiais, inclusive com o vidro. Observou que outros materiais, quando atritados, podiam atrair pequenos corpos.

Ele foi um dos primeiros a utilizar o termo eletricidade.

Benjamin Franklin (1706-1790) formulou uma teoria para explicar a eletrização dos corpos: quando dois corpos eram esfregados um no outro, o "fluido elétrico" passaria de um corpo para o outro. O para-raios foi um de seus muitos inventos.

Thales de Mileto.

William Gilbert.

Benjamin Franklin.

Eletrização de um corpo

Um corpo está eletricamente equilibrado quando nele as quantidades de prótons e elétrons são iguais.

Quando retiramos elétrons de um corpo, ele fica eletrizado ou carregado positivamente. Isso ocorre porque o número de elétrons é menor que o de prótons.

Se fornecemos elétrons a um corpo, ele fica eletrizado ou carregado negativamente. Isso ocorre porque o número de elétrons é maior que o número de prótons.

Corpos eletrizados se atraem ou se repelem. Quando apresentam cargas elétricas iguais, eles se repelem, e, quando as cargas elétricas são contrárias, eles se atraem.

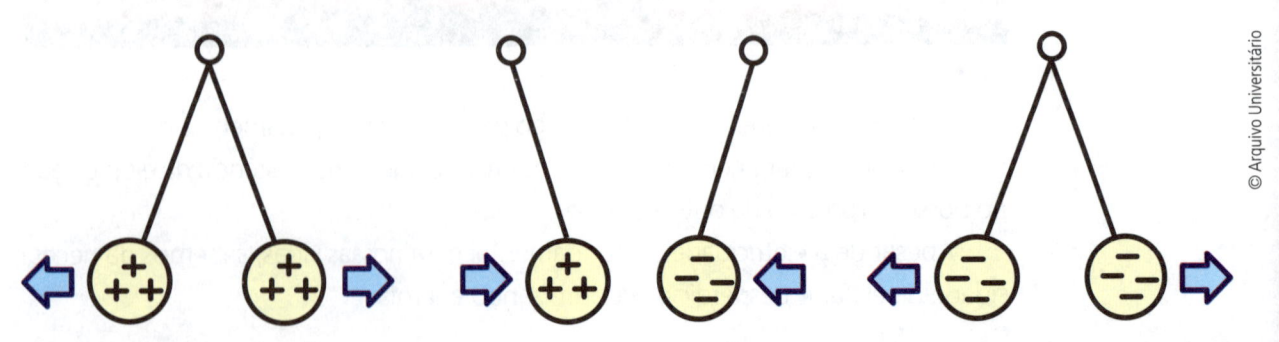

Um corpo pode ser eletrizado por três processos:

- **Contato:** um corpo eletrizado entra em contato com um corpo neutro, e este também fica eletrizado.

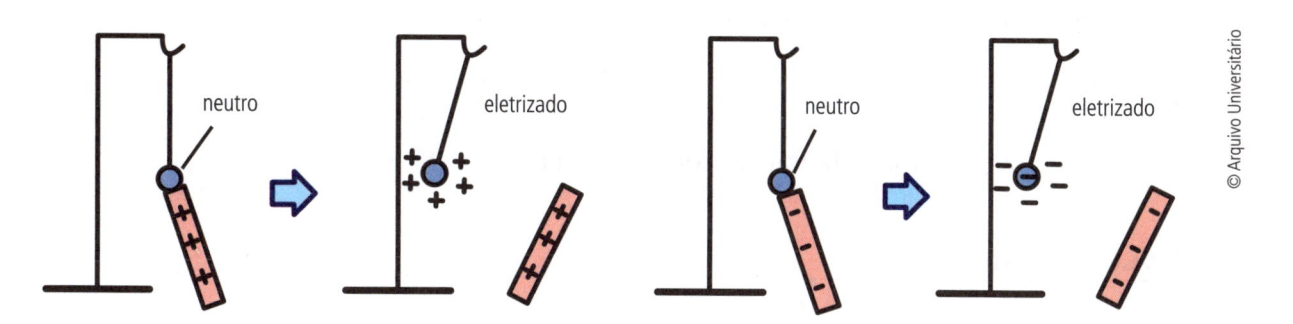

- **Atrito ou fricção:** quando dois corpos neutros são atritados, alguns elétrons passam de um corpo para outro. O corpo que recebe os elétrons fica carregado negativamente e o que perde, positivamente.

Por exemplo: um pano de lã eletriza-se positivamente quando esfregado em um bastão de plástico, mas eletriza-se negativamente se o bastão for de vidro.

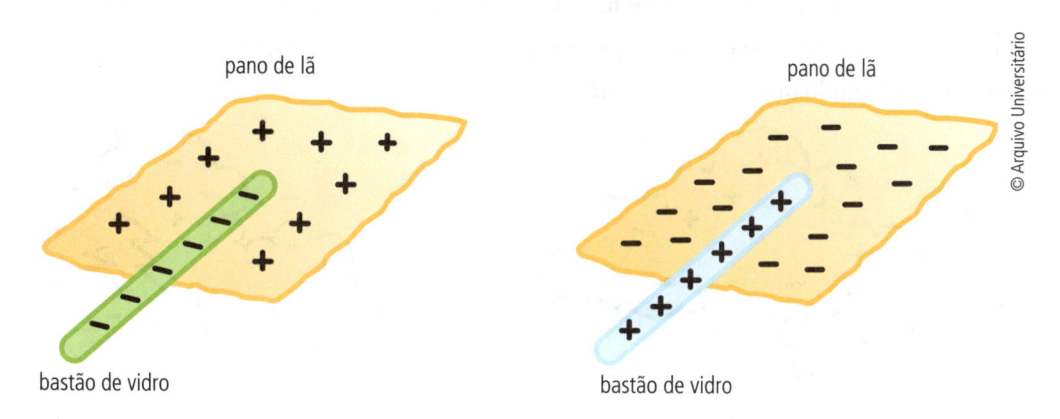

- **Indução:** é quando um corpo eletrizado se aproxima de um corpo neutro, sem que ocorra contato entre eles. Nessa aproximação, o corpo neutro tem suas cargas separadas, sem, contudo, alterar sua carga total.

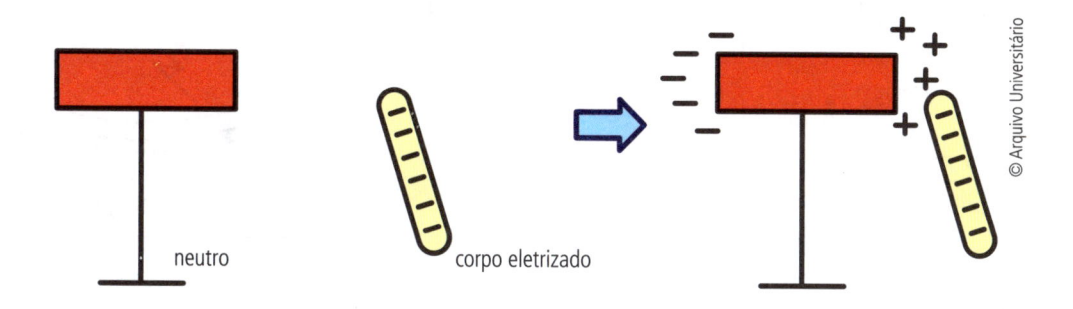

Condutores e isolantes de eletricidade

Condutores são materiais em que os elétrons se movimentam facilmente, permitindo, assim, a condução da eletricidade.

Ex.: ferro, alumínio, níquel, prata, cobre, grafite, cerâmica.

Isolantes são materiais em que os elétrons não se movimentam, impedindo, assim, a condução da eletricidade.

Ex.: vidro, louça, plástico, borracha, cortiça, água pura.

Você sabia?

Raios e para-raios

As gotas-d'água de uma nuvem podem ficar eletrizadas por atrito. Normalmente, nas partes mais baixas da nuvem, acumulam-se cargas negativas e, nas partes mais altas, cargas positivas.

Essa eletrização da nuvem dá origem ao raio.

Raio é uma descarga elétrica que pode ocorrer entre nuvens, de uma nuvem para a Terra ou da Terra para uma nuvem.

Essa descarga elétrica provoca a emissão de luz, clarão; essa claridade intensa é o raio ou relâmpago. O movimento de elétrons provoca o clarão e aquece o ar, que se expande. A expansão se propaga na forma de onda sonora, produzindo um forte som, o trovão.

Raio da nuvem para a Terra.

Raio dentro da nuvem.

Raio de uma nuvem, eletrizada negativamente, para outra, eletrizada positivamente.

Raio da Terra para a nuvem.

Nos corpos condutores de eletricidade com arestas ou pontas, a eletricidade estática (que não se move) acumula-se nas pontas.

Se a ponta for muito afiada, as cargas elétricas podem passar para o ambiente. Essa propriedade recebe o nome de poder das pontas e sua aplicação mais conhecida é o para-raios, inventado por Benjamin Franklin. O para-raios é formado por uma haste condutora vertical, colocada na parte mais alta de casas e edifícios a serem protegidos. A extremidade superior da haste apresenta uma ou mais pontas de material de alto ponto de fusão. A outra extremidade é ligada, por condutores de metal, a barras metálicas que se encontram enterradas no solo.

Para evitar que as pessoas tomem choques nos aparelhos elétricos ou que esses aparelhos sejam danificados com o acúmulo de eletricidade estática, liga-se a eles um fio terra, que é conectado a uma barra de metal instalada no solo, que absorve as cargas elétricas em excesso.

Fio terra.

Corrente elétrica

Corrente elétrica é o fluxo de eletricidade, isto é, o deslocamento de elétrons em condutores elétricos.

Por convenção, a corrente elétrica flui do polo positivo para o negativo, isto é, no sentido oposto ao do movimento dos elétrons nos condutores.

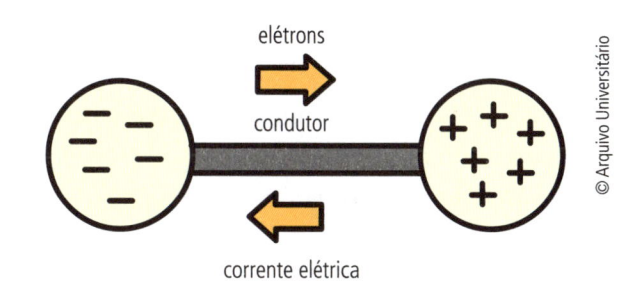

A corrente elétrica pode ser contínua ou alternada:

- **Corrente contínua:** elétrons fluem num só sentido.

Ex.: a corrente produzida por uma pilha ou por uma bateria.

- **Corrente alternada:** elétrons fluem invertendo periodicamente o sentido da corrente. Na corrente alternada, há um vaivém de elétrons.

Ex.: corrente elétrica recebida em casa (ao acender uma lâmpada ou ao ligar um aparelho na tomada).

Circuito elétrico

É um conjunto formado por elementos onde passa a corrente elétrica.

Elementos do circuito elétrico

- **Fonte de energia:** pode ser pilha, bateria (gerador de energia).
- **Fios:** condutores de eletricidade.
- **Aparelho elétrico:** transformador de energia elétrica em outro tipo de energia.
- **Interruptor ou chave:** abre ou fecha o circuito, permitindo a passagem da corrente elétrica.

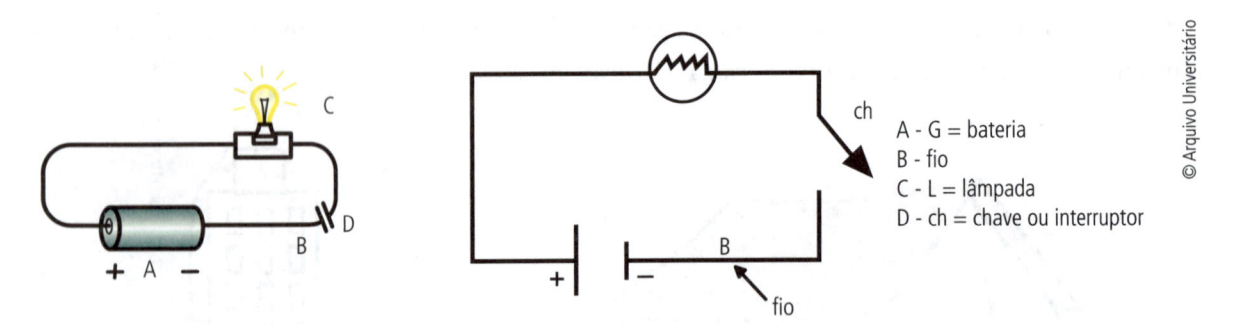

A - G = bateria
B - fio
C - L = lâmpada
D - ch = chave ou interruptor

Grandezas de um circuito elétrico

Tensão elétrica (U)

É necessária uma fonte de energia, como um gerador, para fazer as cargas elétricas se movimentarem, isto é, a fonte de energia cria uma diferença de potencial (ddp) ou tensão entre dois pontos do circuito, resultando no deslocamento das cargas elétricas de um lugar para outro.

A unidade de medida da tensão é o volt (V).

A tensão elétrica distribuída às casas nas cidades pode ser de 110 V ou 220 V.

Corrente elétrica (i)

A intensidade da corrente elétrica é a razão entre a quantidade de carga elétrica que atravessa um condutor e o intervalo de tempo correspondente.

A unidade de medida é o ampère (A).

Resistência elétrica (R)

Mede a dificuldade que o condutor oferece para a passagem da corrente elétrica. Quanto maior for o valor da resistência elétrica, maior a dificuldade de a corrente elétrica passar pelo condutor.

A unidade de medida da resistência elétrica é o ohm, representado pela letra grega ômega maiúscula (Ω).

A resistência de um condutor depende do comprimento, da espessura e do seu material.

- Comprimento – quanto maior o comprimento do condutor, maior sua resistência.
- Espessura – quanto maior a espessura do condutor, menos resistência ele apresenta.
- Material – de que é feito o condutor. Ex.: o cobre é melhor condutor que o alumínio.

Circuito elétrico em série

Quando ligamos os resistores em série, a corrente que passa por um deles é a mesma que passa pelo outro.

Na figura abaixo, temos duas lâmpadas em série ligadas a uma bateria.

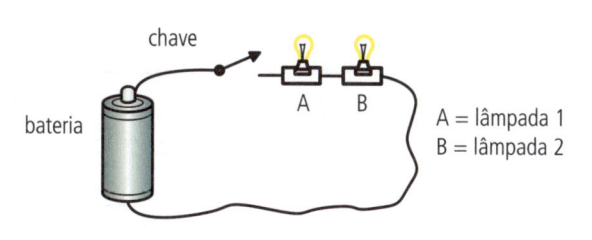

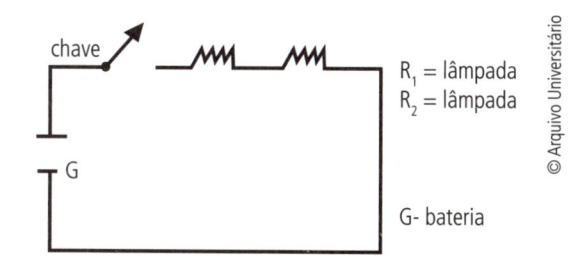

Nas ligações em série, quanto maior o número de lâmpadas intercaladas, menor a intensidade de brilho de cada uma.

Se, por exemplo, uma queimar, o circuito será interrompido e nenhuma outra lâmpada poderá acender. Ex.: luzes de Natal.

Circuito elétrico em paralelo

Quando ligamos os resistores em paralelo, a corrente elétrica que sai da bateria se divide, cada uma percorrendo um dos resistores. Nesse caso, a corrente elétrica que passa por um elemento pode não ser a mesma que passa pelos outros, mas todos ficam submetidos à mesma tensão.

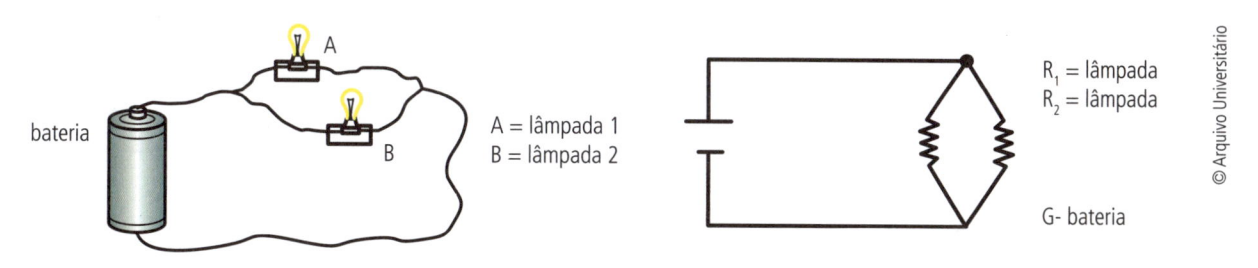

Nas ligações em paralelo, o brilho de uma determinada lâmpada é sempre o mesmo, não diminuindo com o aumento do número delas; quando uma lâmpada queima, as demais não se apagam, pois seus circuitos não são interrompidos. Ex.: benjamim.

Você sabia?

O peixe-elétrico ou poraquê gera eletricidade por meio dos órgãos que se localizam ao longo de quase todo seu corpo. Esses órgãos derivam de tecidos musculares, modificados, que, em vez de contrair, como fazem os músculos, liberam energia para o meio ambiente.

Esses órgãos elétricos são capazes de gerar uma descarga de até 600 volts.

Electrophorus electricus – peixe elétrico.

ATIVIDADES

1 O que é um corpo eletrizado?

_____
_____
_____
_____

2 Explique o que acontece quando dois corpos eletrizados se aproximam.

_____
_____
_____
_____

3 Por que sapatos com sola de borracha podem proteger uma pessoa de choques elétricos?

_____
_____
_____
_____

4 (PUC-SP) Leia com atenção a tira do gato Garfield analise as afirmativas que se seguem.

I – Garfield, ao esfregar suas patas no carpete de lã, adquire carga elétrica. Esse processo é conhecido como eletrização por atrito.

II – Garfield, ao esfregar suas patas no carpete de lã, adquire carga elétrica. Esse processo é conhecido como eletrização por indução.

III – O estalo e a eventual faísca que Garfield pode provocar, ao encostar em outros corpos, são devidos à movimentação da carga acumulada no corpo do gato, que flui de seu corpo para os outros corpos.

Estão certas:

a) I, II e III.   b) I e II.   c) I e III.   d) II e III.   e) apenas I.

5 Como você explica que o pente de cabelo fica carregado negativamente quando o atritamos no cabelo?

_____
_____
_____
_____

6 O fio terra do chuveiro elétrico que Marcos instalou no seu apartamento foi conectado de forma incorreta.

a) Qual problema a instalação incorreta pode causar?

_____
_____
_____
_____

b) Qual é a importância desse fio?

_____
_____
_____
_____

7 Qual a utilidade e como funcionam os para-raios?

_____
_____
_____

8 Por que se revestem com borracha ou plástico os fios e cabos das ferramentas utilizadas em eletricidade?

_____
_____
_____
_____

9 Nas nossas residências, as lâmpadas são ligadas em série ou em paralelo? Justifique.

_____
_____
_____
_____

10 Num dia com baixa umidade, podemos levar um pequeno choque elétrico quando tocamos a maçaneta de uma porta. Por que ocorre tal fenômeno?

_____
_____

11 Observe o circuito elétrico abaixo e responda às questões:

A, B, C, D, E, F lâmpada idênticas

a) Se a lâmpada B for desconectada, quais lâmpadas se apagarão? Justifique.

_____
_____
_____
_____
_____

b) Se a lâmpada F queimar, quais lâmpadas se apagarão? Justifique.

c) Quais lâmpadas apresentam brilho mais intenso, considerando que cada trecho tem a mesma ddp (diferença de potencial)? Justifique.

12 Numa bateria, encontramos a numeração 9 V. O que significa essa numeração? A que grandeza física ela corresponde?

13 O que ocorre se ligarmos uma lâmpada de 110 V em uma tomada de 220 V? E se ocorrer o contrário?

14 (Enem)

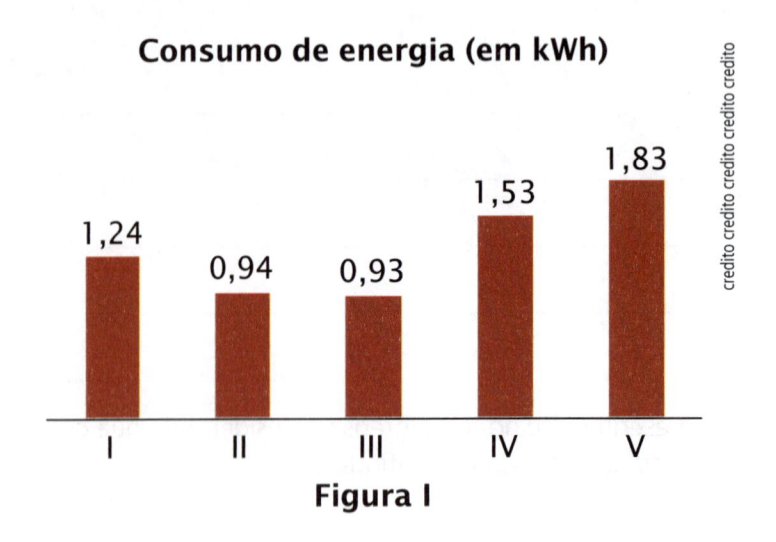

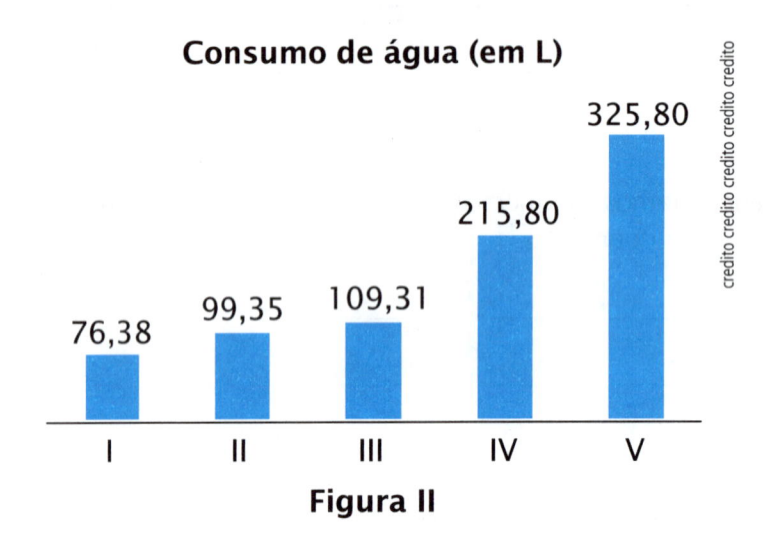

Consumo de energia (em kWh)

I	II	III	IV	V
1,24	0,94	0,93	1,53	1,83

Figura I

Consumo de água (em L)

I	II	III	IV	V
76,38	99,35	109,31	215,80	325,80

Figura II

As figuras acima apresentam dados referentes aos consumos de energia elétrica e de água relativos a cinco máquinas industriais de lavar roupa comercializadas no Brasil. A máquina ideal, quanto a rendimento econômico e ambiental, é aquela que gasta, simultaneamente, menos energia e água. Com base nessas informações, conclui-se que, no conjunto pesquisado,

a) quanto mais uma máquina de lavar roupa economiza água, mais ela consome energia elétrica.

b) a quantidade de energia elétrica consumida por uma máquina de lavar roupa é inversamente proporcional à quantidade de água consumida por ela.

c) a máquina I é ideal, de acordo com a definição apresentada.

d) a máquina que menos consome energia elétrica não é a que consome menos água.

e) a máquina que mais consome energia elétrica não é a que consome mais água.

Capítulo 3 — MAGNETISMO

Pombo-Correio

Pombo-correio voa depressa
E esta carta leva
Para o meu amor
Leva no bico

Que eu aqui
Fico esperando
Pela resposta
Que é pra saber
Se ela ainda
Gosta de mim...

Composição: Dodô/Osmar/Moraes Moreira

Quando não existia correio nem internet, algumas pessoas usavam pombos para enviar mensagens, que chegavam direitinho ao seu destino! Sabemos hoje que no bico superior do pombo-correio há minúsculas partículas de ferro que funcionam como as agulhas de uma bússola que mostra o norte, por conta da interação com o campo magnético da Terra.

Magnetismo é a parte da Física que, basicamente, estuda a capacidade que alguns minérios de ferro têm de se atrair e se repelir.

Na Antiguidade, os gregos já conheciam os fenômenos magnéticos em algumas pedras, que receberam o nome de "magnetitas". Esses nome foi dado porque essas "magnetitas" foram encontradas na Magnésia, região da Ásia Menor.

Na verdade, essas pedras são minérios de ferro e têm a capacidade de atrair outros minérios de ferro e algumas de suas ligas.

A bússola provavelmente foi o primeiro instrumento utilizado na aplicação prática das propriedades magnéticas. Invenção atribuída aos chineses, foi levada pelos árabes para a Europa, ajudando muito nas Grandes Navegações.

Aves migratórias, alguns peixes e certas bactérias possuem a capacidade de identificar o campo magnético da Terra e usá-lo para sua orientação.

Na década de 1970, foi observada numa bactéria a presença de alguns cristais de magnetita com pequenas dimensões, formando um ímã.

Essas bactérias, que vivem em lagos, funcionam como agulhas de uma bússola, deslocando-se para cima e para baixo, o que facilita a procura de alimento.

Os ímãs são muito úteis no funcionamento de telefones, microfones, motores elétricos, telégrafos, campainhas e outros aparelhos.

Tipos de ímãs

- **Ímãs naturais** são alguns minérios de ferro capazes de reter o poder magnético por um longo tempo. São também chamados ímãs permanentes.

    Exemplos: magnetita, óxido de ferro, hematita, limonita.

- **Ímãs artificiais** são fabricados pelo homem, com poder magnético aumentado.

    Exemplos: ligas com ferro, níquel ou cobalto.

Propriedades dos ímãs

- **1ª propriedade: todo ímã possui dois polos**: o norte e o sul. Quando um ímã é suspenso por um fio ou flutua na água, aponta um de seus polos para o norte da Terra e o outro, para o sul.

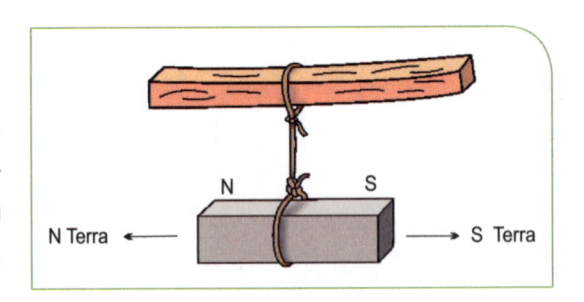

- **2ª propriedade: atração e repulsão**: colocando-se dois polos contrários próximos, observamos que um atrai o outro.

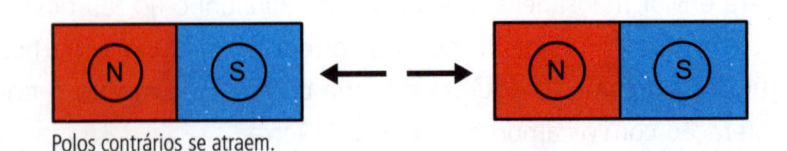

Polos contrários se atraem.

Colocando-se dois polos iguais próximos, observamos que ocorre uma repulsão entre eles.

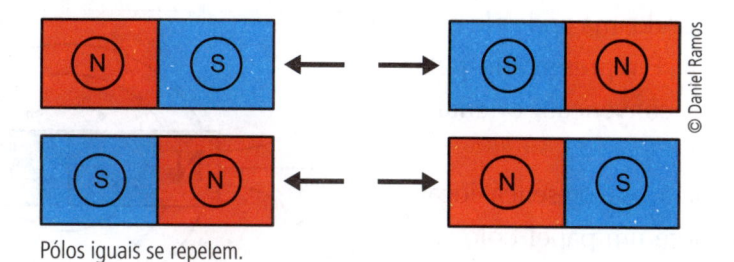

Pólos iguais se repelem.

- **3ª propriedade: inseparabilidade dos polos de um ímã**: quando dividimos um ímã, cada uma de suas partes comporta-se como um novo ímã.

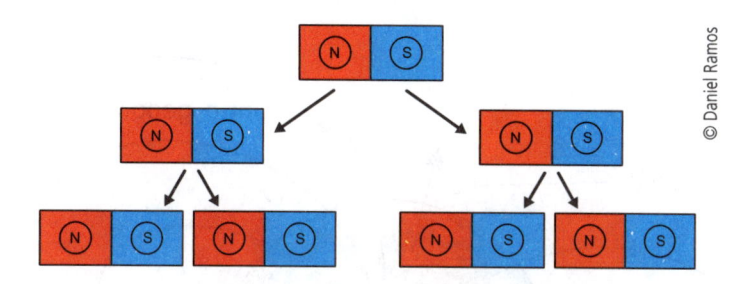

- **4ª propriedade: os ímãs atraem o ferro comum.**

Você sabia?

Magnetismo na Terra

A Terra é um grande ímã. Esse magnetismo é causado por grandes correntes elétricas que circulam dentro do planeta, devido ao movimento do magma, que apresenta em sua composição substâncias metálicas como o ferro. Os polos magnéticos são os pontos em que um ímã aponta para baixo formando um ângulo de 90º com o chão. Enquanto, os polos geográficos são convenções humanas e não coincidem com os polos magnéticos. O ângulo entre eles é o chamado ângulo de declinação magnética (11,5º).

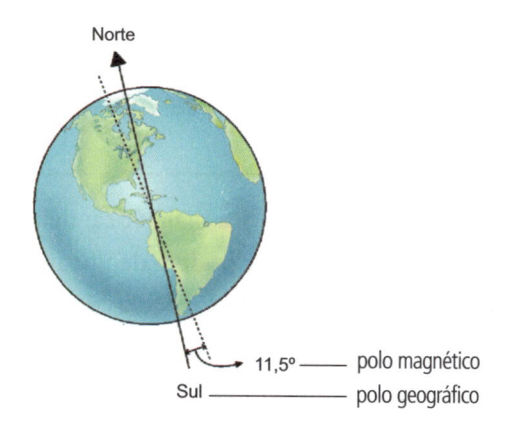

Campo magnético

É toda região ao redor do ímã onde ele exerce influência magnética. É representado pelas linhas de força que, por convenção, orientam-se do norte para o sul.

Podemos comprovar a sua presença jogando limalhas de ferro sobre um papel colocado em cima de um ímã. As limalhas se distribuem em linhas curvas.

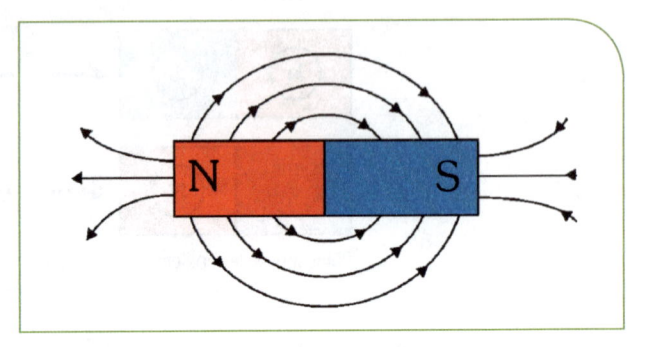

As limalhas de ferro permitem visualizar as linhas de força do campo magnético.

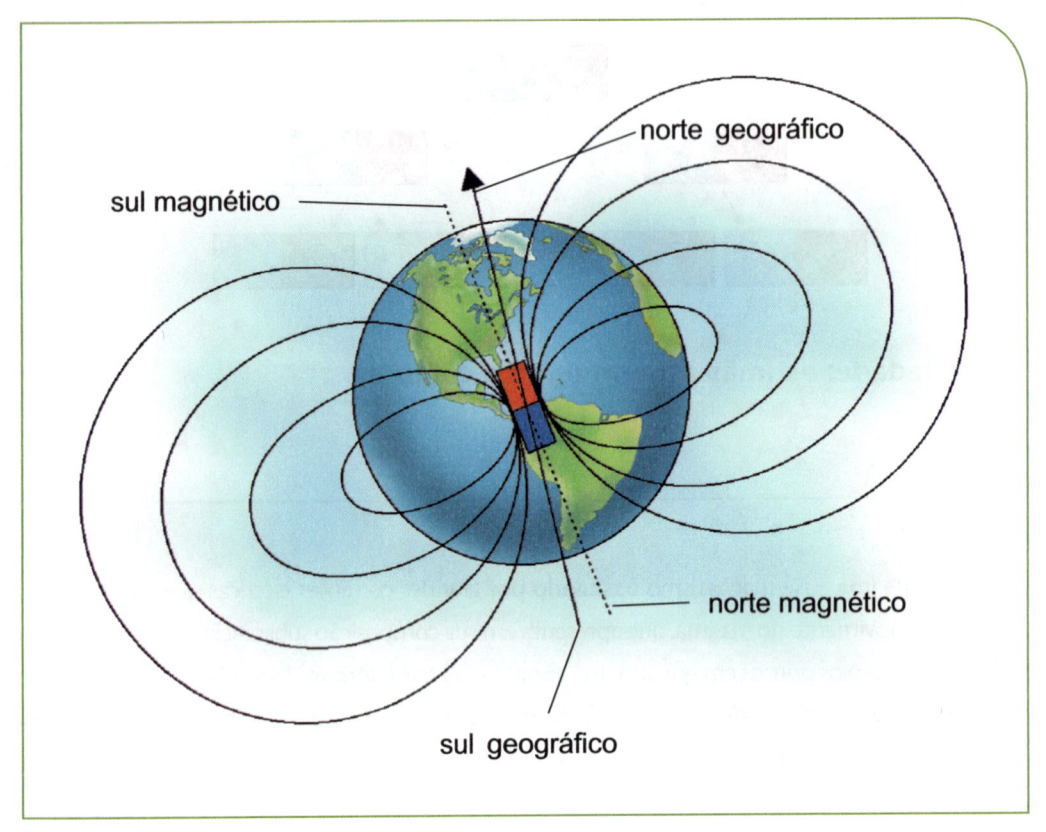

Campo magnético da Terra.

Você sabia?

Os cartões bancários possuem um pedaço de fita magnética; nela estão registradas informações do portador. TV, aparelhos de som, telefone celular podem danificar os cartões.

A tarja magnética é coberta com uma camada de partículas de óxido de ferro.

Quando gravamos uma senha, é preciso passar um eletroímã sobre a tarja, então as partículas se transformam em pequenos ímãs, que codificam os dados.

Se houver um campo magnético por perto, os ímãs da tarja são atraídos e perdem o rumo apagando as informações.

ATIVIDADES

1 Como se comportam os polos de um ímã em relação à atração e à repulsão?

___

2 O polo norte da agulha imantada de uma bússola sempre se volta para o polo norte geográfico da Terra. O polo norte da Terra pode ser o polo norte magnético de nosso planeta? Justifique.

___

3 Explique por que a agulha da bússola aponta sempre para a mesma direção.

___

4 "Se colocarmos uma bússola dentro de uma jarra de vidro, sua agulha magnética deixará de indicar a direção norte-sul da Terra." A afirmação está certa ou errada? Justifique.

___

5 Os eletroímãs são ímãs que, para funcionar, necessitam de corrente elétrica; se interrompida a corrente, cessa também seu poder magnético. Podem ser usados em guindastes para levantar sucata de ferro.
Um funcionário que trabalha com guindaste foi trabalhar com a carteira no bolso. Na hora do almoço, foi ao banco retirar dinheiro, mas verificou que seu cartão magnético não foi aceito. Explique o que pode ter acontecido.

6 Fragmentando um ímã em quatro pares, como ficam os polos magnéticos? Justifique.

_____

_____

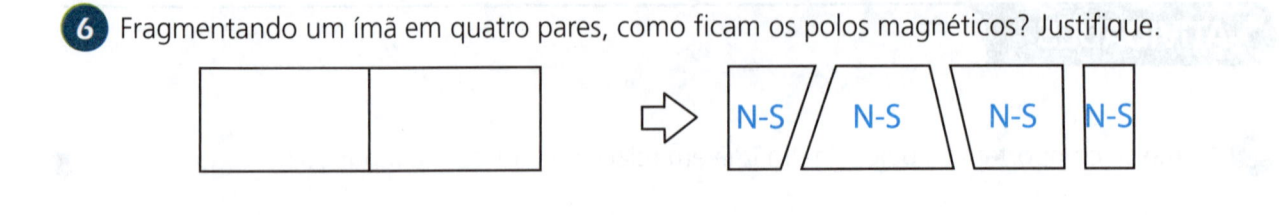

7 Maria Eduarda foi ao hospital para realizar um exame de tomografia por ressonância magnética. O equipamento possui magneto, que é um ímã (em 1957 foi realizado o 1º exame de tomografia por ressonância magnética). No hospital, antes de realizar o exame, foi informada pela enfermeira que precisava tirar seus anéis, brincos, relógio e corrente. Justifique a informação da enfermeira.

_____

8 (PUC-MG) Uma bússola pode ajudar uma pessoa a se orientar devido à existência, no planeta Terra, de:

a) um mineral chamado magnetita.
b) ondas eletromagnéticas.
c) um campo polar.
d) um campo magnético

9 Um ímã, com certeza, não atrai:

a) uma arruela de ferro.
b) um prego.
c) um clip.
d) uma panela de ferro.
e) uma borracha.

10 (Ufop-MG) Como sabemos, uma agulha magnética (bússola) se orienta numa direção preferencial sobre a superfície da Terra.

Na tentativa de explicar tal fenômeno, o cientista inglês W. Gilbert apresentou a seguinte ideia:

"... a orientação da agulha magnética se deve ao fato de a Terra se comportar como um grande ímã." Segundo Gilbert, o polo sul geográfico da Terra se comporta como um polo magnético que atrai o polo sul da agulha magnética.

Em vista da explicação acima apresentada, é correto afirmar que as linhas de indução (linhas de força) do campo magnético da Terra se orientam externamente no sentido:

a) Leste – Oeste
b) Sul – Norte
c) Oeste – Leste
d) Norte – Sul
e) Para o centro da Terra

Capítulo 4
ONDAS E SOM

Na tirinha Cascão achou que fosse o fenômeno conhecido como eco. Porém, era apenas um papagaio repetindo a sua fala.

O fenômeno do eco que o Cascão pensou ouvir é, na verdade, uma reflexão do som que, ao encontrar um obstáculo, volta e pode ser escutado novamente. Às vezes o som volta rapidamente, em outras demora mais um pouco. Essa variação depende da distância entre o obstáculo e quem emitiu o som.

Mas se o som volta, então é porque ele se propaga pelo espaço. Isso ocorre porque o som é um vibração em forma de ondas.

35

Ondas

Se jogarmos uma pedra em um balde, produz-se uma perturbação no ponto em que ela atinge a água. Essa perturbação se propaga em todas as direções, sob a forma de círculos.

Se sacudirmos a extremidade de uma corda, produz-se uma perturbação ao longo de toda a sua extensão.

Essas perturbações, que se propagam no meio líquido e sólido dos exemplos acima, recebem o nome de ondas, podendo se propagar também no meio gasoso.

Classificação das ondas

Podemos classificar as ondas segundo dois critérios:

- a relação entre a direção de propagação e a direção de vibração:

    Transversais – a perturbação é perpendicular à propagação.
    Exemplo: movimento de vaivém feito com uma corda.
    Longitudinais – a perturbação é paralela à propagação.
    Exemplo: ondas eletromagnéticas.
    Mistas – ondas superficiais produzidas pelo vento na superfície de qualquer depósito de água (mar, lago).

- o meio que entra em vibração:

    Mecânicas – necessitam de meio material para se propagar.
    Exemplo: ondas sonoras.
    Eletromagnéticas – não necessitam de meio material para se propagar.
    Exemplos: ondas luminosas, ondas de rádio e televisão, ondas infravermelhas, ondas ultravioleta, raio-X, raio gama etc.

Características das ondas

- Cristas – são as partes mais altas.
- Vales – são as partes mais baixas.

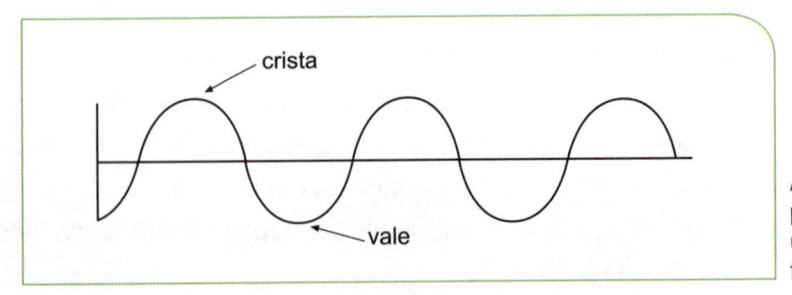

As ondas se caracterizam por ter: uma amplitude, um comprimento e uma frequência.

- Amplitude (A) – corresponde à máxima oscilação que um corpo pode ter. É a altura da crista ou do vale em relação ao centro da onda.

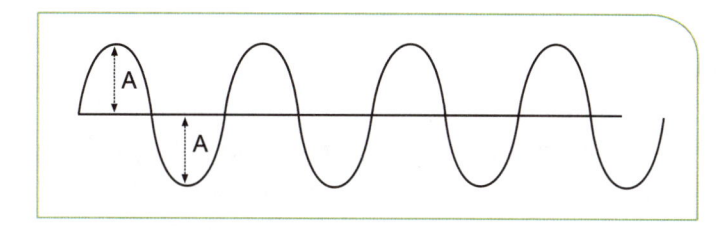

- Comprimento (λ) – é a distância entre duas cristas ou entre dois vales consecutivos.

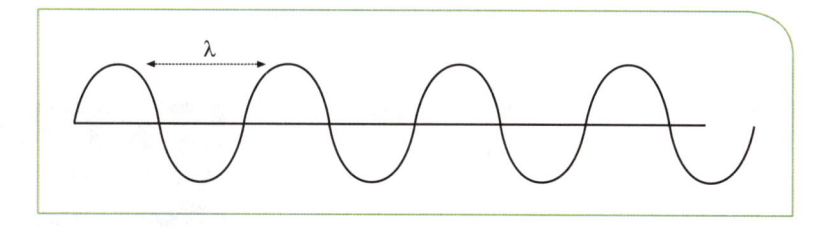

- Frequência (f) – é o número de vibrações ou oscilações realizadas na unidade de tempo.

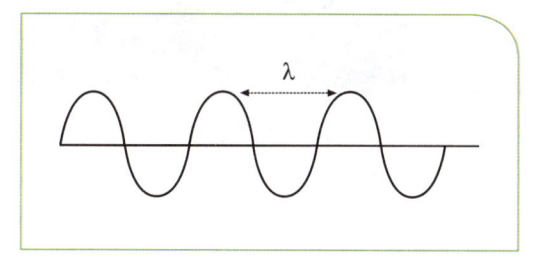

Se a unidade de tempo for o segundo, a unidade de frequência é o hertz (Hz).

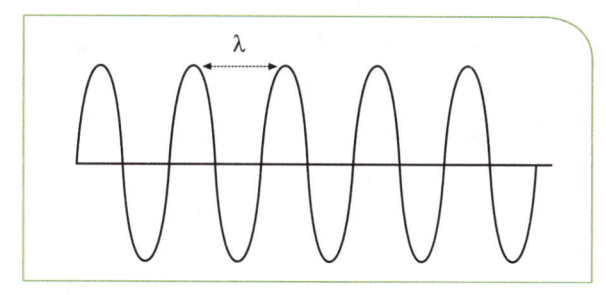

Quanto maior o comprimento da onda, menor a sua frequência.

Som

Pode ser definido como o conjunto de ondas mecânicas longitudinais, que se propagam em todas as direções. Algumas são perceptíveis ao sistema auditivo.

O sistema auditivo humano percebe sons com frequências que vão de 20 Hz a 20.000 Hz.

Os sons de frequências menores que 20 Hz são denominados infrassons e os de frequências maiores que 20.000 Hz são denominados ultrassons.

Os morcegos, as baleias, os cachorros e os golfinhos conseguem captar ultrassons.

Características do som

Um som é diferente do outro, pois apresentam algumas características como:
- Altura – é o que chamamos de som agudo (fino) ou som grave (grosso).
- Quanto maior a frequência do som, mais agudo ele é.
- Intensidade – depende da quantidade de energia transportada pela onda sonora; é o que chamamos de som fraco e som forte.
- Timbre – é a qualidade sonora do som. É pelo timbre que reconhecemos quem está falando.

Propagação do som

O som se propaga nos líquidos, nos sólidos e nos gases. No vácuo, ele não se propaga, por se tratar de onda mecânica.

Nos sólidos, o som se propaga mais rápido.

Exemplos: vidro – velocidade de propagação do som = 4.550 m/s
ar 15º C – velocidade de propagação do som = 340 m/s
0º C – velocidade de propagação do som = 331 m/s
água – velocidade de propagação do som = 1.500 m/s

Você sabia?

Ultrassonografia

A ultrassonografia é uma modalidade de exame de imagem sem a utilização da radiação, constituindo um exame inócuo para os pacientes e praticamente sem contraindicações.

A obtenção da imagem é realizada pela emissão de ondas sonoras de alta frequência que são refletidas ao atingir um tecido ou órgão estudado. Este fenômeno físico também é conhecido por 'eco' e, por isso, é comum encontrarmos ecografia como sinônimo de ultrassonografia.

A ultrassonografia pode ser empregada para o diagnóstico de diversas doenças em diferentes partes do corpo humano. Por ser um método rápido e seguro é comumente utilizado no meio médico para fins preventivos, diagnósticos e como acompanhamento de tratamentos, sendo que a ultrassonografia obstétrica, a abdominal, a pélvica e a de mamas são as mais realizadas na prática médica.

Como os órgãos e tecidos refletem o som de forma diferente, através do processamento dos ecos, é possível diferenciar as diferentes estruturas do corpo que estão sendo analisadas. Uma das grandes vantagens da ultrassonografia é permitir a avaliação em tempo real de vários órgãos que aliado ao seu baixo custo operacional o torna um exame extremamente versátil na medicina.

O avanço tecnológico das últimas décadas possibilitou a criação de aparelhos que aumentaram em muito a área de atuação dessa modalidade, sendo que nos dias atuais é possível analisar desde cérebros de recém-nascidos a diferentes articulações do sistema osteoarticular, além de poder auxiliar em exames intraoperatórios.

Disponível em: <http://www.einstein.br/medicina-diagnostica/Imagem/Paginas/ultrassonografia.aspx> Acesso em: jun. 2012.

Reflexão do som

Eco – fenômeno que ocorre quando o som encontra um obstáculo e se reflete.

Nós usamos o princípio do eco nos sonares para encontrar cardumes de peixes, navios naufragados, estudar a profundidade do mar etc.

Também a ecografia usa o princípio do eco. Nessa técnica de diagnóstico médico, utiliza-se a reflexão de ultrassons para obter imagens das partes moles do corpo.

Navio naufragado.

Você sabia?

Os morcegos não são cegos mas alguns deles utilizam a "ecolocalização", uma forma de se localizar e desviar de obstáculos ao emitir sons, geralmente inaudíveis para os humanos, que encontra o objeto e retorna como um eco para os ouvidos do morcego. Esse mecanismo, também conhecido por "sonar dos morcegos" é interessante para ajudar o morcego a se orientar no escuro.

Esse "sonar" é parecido com o dos golfinhos e é produzido por pulsações do nariz e da boca. Quando o som retorna como um eco, traz informações sobre tamanho, forma, tipo e direção de voo do inseto. Quanto mais próximo da vítima, o eco se torna mais forte e a caça, mais refinada. Com a ecolocalização, o morcego pode localizar um inseto tão fino quanto o cabelo humano.

Disponível em: <http://www2.bioqmed.ufrj.br/ciencia/Morcegos.htm>. Acesso em: jun.2012.

ATIVIDADES

1 Observe a figura das ondas e identifique x e y.

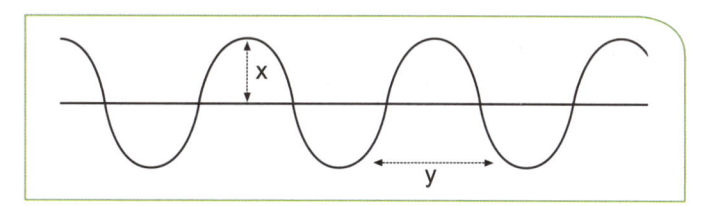

x: _____

y: _____

2 Sabemos que a frequência do som determina sua altura (agudo/grave). Qual das ondas representa um som mais grave? Justifique.

A) B)

_____
_____

3 Seria possível a apresentação de uma banda de rock na Lua?

_____
_____

39

4 Os instrumentos musicais emitem ondas sonoras graves e agudas. Observe a tirinha a seguir e responda.

O som emitido pelo tambor do Cebolinha é um som grave. Qual é a característica desse som? Justifique.

___

5 Nos filmes de faroeste, o bandido encosta o ouvido no trilho do trem para saber se ele está a caminho e se preparar para o assalto. Por que ele usa esse método?

___

6 A ultrassonografia computadorizada é capaz de mapear partes do nosso corpo. Seu princípio é o mesmo da ecolocalização. Como você explica a visão da imagem no monitor?

___

Capítulo 5
LUZ

Um dos fenômenos mais bonitos da natureza é a formação do arco-íris, como você pode ver na foto abaixo. Ele acontece quando a luz branca atravessa uma superfície líquida ou sólida.

Decomposição da luz branca

Isaac Newton, que viveu nos séculos XVII e XVIII, descobriu que a luz branca é formada por uma mistura de cores. Esse conjunto, de pelo menos sete cores (violeta, anil, azul, verde, amarelo, alaranjado e vermelho), recebe o nome de espectro eletromagnético visível à luz solar.

A decomposição da luz em cores chama-se dispersão e pode ser obtida através da passagem da luz por um prisma de vidro, conforme ilustra a figura abaixo.

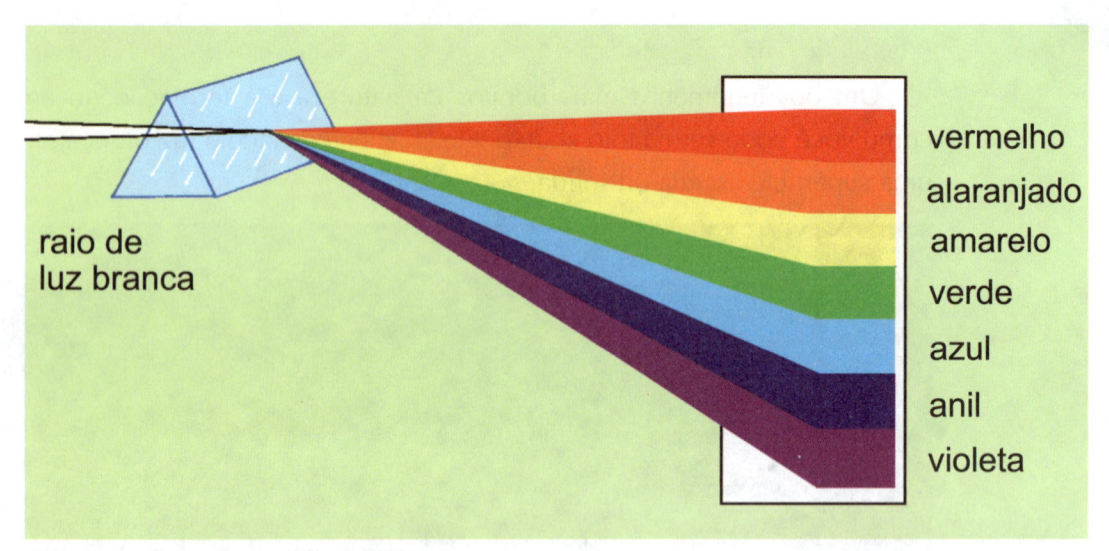

Dispersão da luz através do prisma retangular.

Para provar sua teoria, Newton criou um disco (que, depois, recebeu seu nome) com as sete cores, e girando-o rapidamente, obteve um disco branco.

Na verdade, nossa visão não consegue distinguir mudanças rápidas de cor, gerando, assim, a sensação da luz branca.

Com base em seus experimentos, Newton concluiu que a percepção do branco é resultante de uma soma de cores diferentes.

Disco de Newton.

A cor dos objetos

Os objetos refletem uma parte da luz que os atinge. Suas cores dependem da frequência da luz refletida. Por exemplo: um objeto é azul se reflete a luz com a frequência do azul e absorve as outras cores que compõem a luz branca. Se um objeto absorve todas as cores, o vemos como preto, e, se reflete todas as cores, o vemos como branco.

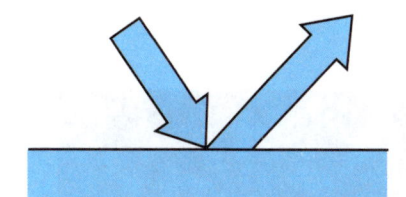

A cor do objeto depende também da luz que o ilumina. Por exemplo: se iluminarmos um envelope branco com luz vermelha, ele terá cor vermelha.

Se iluminarmos uma maçã com luz azul, ela vai aparecer enegrecida, pois a cor azul é absorvida pelos pigmentos da maçã.

Fontes de luz

Temos fontes naturais e artificiais de luz.
- **Fontes naturais**: quando os corpos emitem luz própria.

    Exemplos: Sol, estrelas.

- **Fontes artificiais**: quando os objetos criados pelo homem emitem luz.

    Exemplos: lanternas, velas, lâmpadas.

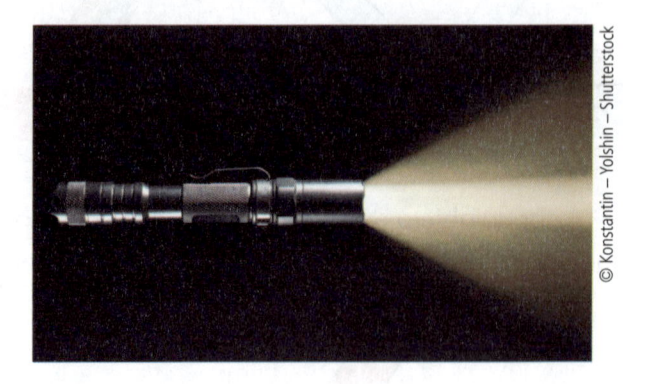

Corpos luminosos e iluminados

- **Corpos luminosos**: são aqueles que emitem luz natural ou artificial.

    Exemplos: Sol, vela acesa, vaga-lume.

- **Corpos iluminados**: são aqueles que não possuem luz própria, mas refletem a luz recebida e, por isso, podemos vê-los.

    Exemplos: a Terra, a Lua, as árvores, seu caderno.

Você sabia?

Lâmpada incandescente

Certos materiais – como o ferro, por exemplo –, quando ficam muitos quentes, começam a emitir luz. Chamamos esse fenômeno de incandescência. É assim que funciona o lampião e foi esse o princípio que Thomas Edison seguiu para confeccionar a primeira lâmpada elétrica que deu certo.

Enquanto os lampiões queimam gás ou querosene, as lâmpadas acendem graças à eletricidade. A energia passa por um filamento que quando aquecido a temperaturas muito altas – a partir de 2.200º C – produz luz visível.

Na lâmpada de Edison, o filamento era de algodão carbonizado, mas hoje o material que se usa é o tungstênio, um elemento que tem ponto de fusão mais alto do que outros metais, ou seja, necessita de uma temperatura muito elevada para passar ao estado líquido.

Lâmpada incandescente: a iluminação provém do aquecimento do tungstênio presente no filamento da lâmpada.

Provavelmente, na sua casa, há alguma lâmpada dessas. Uma lâmpada incandescente regular produz uma luz amarelada e confortável. Enquanto a lâmpada de Edison durou 40 horas, as incandescentes de hoje duram aproximadamente 1.000 horas, sem importar o número de acendimentos.

Parece espantoso que dentro da nossa casa algo fique tão quente assim, mas acredite: o filamento de tungstênio pode chegar até os 3.000º C. Apesar de não se fundir a essa temperatura, poderia pegar fogo caso entrasse em contato com o oxigênio. Por isso, dentro das lâmpadas, há um gás inerte – ou seja, que não reage. Nas incandescentes regulares, esse gás é o argônio ou o criptônio. A vantagem de usar um gás inerte e não o vácuo, como nas primeiras lâmpadas, é diminuir o desgaste do filamento.

No vácuo, os átomos de tungstênio que evaporam do filamento são atirados em linha reta e vão parar no vidro da lâmpada, escurecendo-o. Você já deve ter visto aquelas lâmpadas velhas, com o vidro "sujo" por dentro... Com um gás inerte, eles colidem nos átomos desse gás, sem fazer combustão, e podem voltar para o filamento, aumentando a vida útil da lâmpada. [...]

Apesar de bastante utilizadas, as lâmpadas incandescentes não são muito eficientes, pois apenas uma pequena porcentagem da energia é transformada em luz. O resto vira calor e é desperdiçado. [...]

Por isso, gradualmente, as lâmpadas incandescentes estão saindo das prateleiras do comércio. Espera-se que no Brasil, até 2016, elas desapareçam do mercado, sendo substituídas por lâmpadas fluorescentes e leds. Mas estamos falando apenas de lâmpadas de uso geral: as lâmpadas incandescentes também podem ser usadas na agricultura, indústria, tecnologia de alimentos e outros processos industriais que aproveitam o calor gerado por elas.

Por: Irene Cavaliere.

Disponível em: <http://www.invivo.fiocruz.br/cgi/cgilua.exe/sys/start.htm?infoid=1172&query=simple&search_by_authorname=all&search_by_field=tax&search_by_headline=false&search_by_keywords=any&search_by_priority=all&search_by_section=2%2C9%2C8%2C7%2C17%2C99%2C3&search_by_state=all&search_text_options=all&sid=9&text=tecnologia>.
Acesso em: ago.2012.

Propagação da luz

A luz, como vimos, é uma forma de energia. Propaga-se em meios materiais transparentes, meios translúcidos e também no vácuo.

Meios transparentes.

Meios translúcidos.

Meios opacos.

- Nos meios transparentes, a luz propaga-se muito bem. Água pura, ar, alguns tipos de vidro e determinados plásticos são exemplos de meios transparentes.
- Nos meios translúcidos, apenas uma parte da luz os atravessa. Vitral, vidro fosco, papel vegetal e alguns tipos de plásticos são exemplos de meios translúcidos.
- Meios opacos são aqueles que não permitem que a luz os atravesse. Eles absorvem e refletem praticamente toda luz. Madeira, rochas e metais são exemplos de corpos opacos.

A velocidade com que a luz se propaga no ar e no vácuo é de, aproximadamente, 300 000 km/s. Ela se propaga em linha reta.

Sombras

A propagação em linha reta da luz explica a formação das sombras.

Quando um corpo opaco recebe um feixe luminoso, ele impede a propagação da luz e a região atrás dele não será iluminada.

Dependendo do tamanho da fonte e da distância entre a fonte e o corpo opaco, pode-se formar, além da sombra, a penumbra.

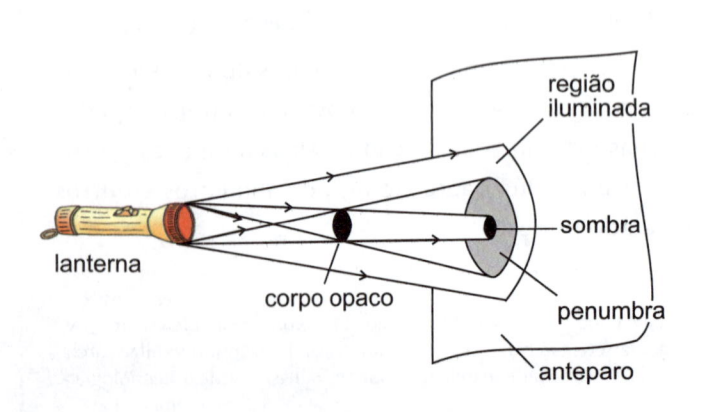

Sombra com penumbra.

Sombra.

ATIVIDADES

1 Por que um objeto pode formar sombra quando iluminado?

_____
_____
_____

2 Explique como um corpo opaco, que não emite luz, pode ser visto.

_____
_____
_____

3 Os corpos que permitem a passagem parcial da luz se chamam:

a) opacos.
b) transparentes.
c) translúcidos.
d) luminosos.

4 Qual das afirmações abaixo é correta?

a) a velocidade da luz é igual à velocidade do som.
b) a luz se propaga em linha reta.
c) a velocidade da luz de um fósforo aceso é maior do que a da luz de uma vela acesa.
d) a luz não se propaga no vácuo.

5 O vidro fosco é um meio:

a) opaco.
b) translúcido.
c) transparente.
d) nenhuma das anteriores.

6 Um quadro coberto com uma placa de vidro plano pode não ser visto tão nitidamente quanto outro não coberto, porque o vidro:

a) é opaco.
b) é transparente.
c) não reflete a luz.
d) reflete parte da luz.

7 Em um exercício de imaginação, suponha que o Sol deixasse de emitir luz. Nesse caso, olhando para o céu, sem nuvens, poderíamos ver:

a) a Lua e estrelas.
b) somente a Lua.
c) somente estrelas.
d) uma completa escuridão.
e) somente os planetas do sistema solar.

Aplicações das ondas luminosas

Os raios ultravioletas (UV) são emitidos pelo Sol e participam da produção de vitamina D, indispensável na formação do nosso esqueleto.

A exposição excessiva e em horários indevidos aumenta os riscos de câncer, de rugas e o envelhecimento precoce da pele.

Os raios infravermelhos, também chamados de ondas de calor, são produzidos por corpos quentes e absorvidos pela maioria dos materiais. São usados em controles remotos de aparelhos eletroeletrônicos (vídeo, aparelho de som, TV), em satélites de previsão do tempo (detectam os infravermelhos emitidos pela Terra), em binóculos que permitem enxergar à noite.

A emissão de ondas infravermelhas pelo nosso corpo permite a identificação de doenças que alteram a temperatura dos órgãos.

Os raios gama são produzidos por materiais radioativos e seu poder de penetração é capaz de destruir nossas células.

Quando utilizados de forma controlada, podem ser usados em tratamentos de tumores, sem destruir as células sadias. Esse tratamento recebe o nome de radioterapia.

Os raios-X são utilizados para detectar fraturas de ossos e problemas em órgãos. Eles produzem imagens ao atravessarem de forma diferenciada os vários componentes do corpo e sensibilizarem a chapa fotográfica.

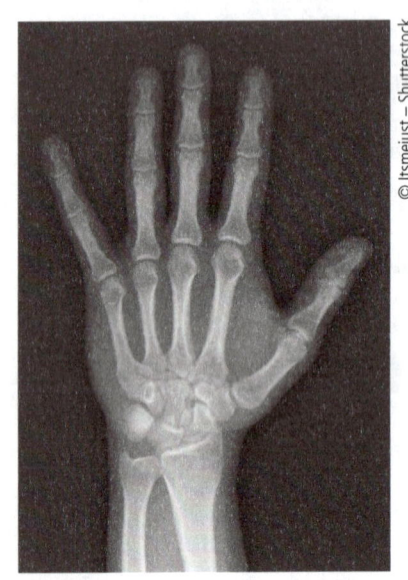

Radiografia.

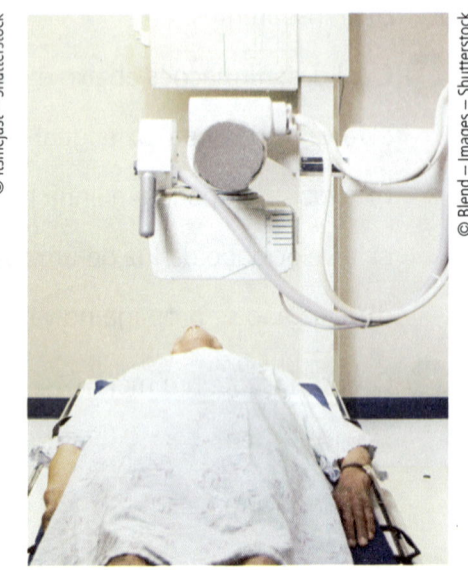

Raio-X.

A exposição constante aos raios-X é perigosa. Pessoas que trabalham com essas radiações devem procurar proteção com aventais de chumbo ou ficar atrás de paredes especiais durante a radiografia.

Os raios-X foram descobertos em 1895, pelo físico alemão Wilhelm Conrad Roentgen. Por não saber do que se tratava, ele os chamou de raios "X".

As micro-ondas são usadas no forno de micro-ondas, nos radares, na transmissão por satélite de televisão e no telefone celular.

> **Você sabia?**

Os cuidados com a radiação ultravioleta (UV)

A pele é o maior órgão do corpo humano. Segundo informações da Sociedade Brasileira de Dermatologia - SBD, a pele corresponde a 16% do peso corporal, exercendo diversas funções, como: regulação térmica, defesa orgânica, controle do fluxo sanguíneo, proteção contra diversos agentes do meio ambiente e funções sensoriais. Este órgão é formado por três camadas: epiderme, derme e hipoderme.

A primeira é a mais externa e é constituída por células compostas basicamente de queratina, proteína responsável pela impermeabilização da pele. Encontram-se também na epiderme os melanócitos, que produzem o pigmento que dá cor à pele (melanina). A derme, segunda camada da pele, localizada entre a epiderme e a hipoderme, é responsável pela resistência e elasticidade da pele. A terceira camada da pele, a hipoderme, é a porção mais profunda e é composta por feixes de tecido conjuntivo que envolve células gordurosas e formam lobos de gordura.

As três camadas da pele são sensíveis aos raios ultravioletas que fazem parte da luz solar.

Os raios ultravioletas (raios UV) podem provocar também reações tardias, devido ao efeito cumulativo da radiação durante a vida, causando o envelhecimento cutâneo e as alterações celulares que, através de mutações genéticas, predispõem ao câncer da pele.

De acordo com o comprimento de onda, os raios ultravioletas (raios UV) são classificados em raios UV-C (200- 290nm), em raios UV-B (290-320nm) e em raios UV-A (320-400nm). Os raios UV-B são carcinogênicos, e a sua ocorrência tem aumentado muito, progressivamente à destruição da camada de ozônio, o que tem permitido, inclusive, que raios UV-C alcancem mais a atmosfera terrestre, e estes são mais potencialmente carcinogênicos. Por sua vez, os raios UV-A independem daquela camada, e causam câncer de pele em quem se expõe a eles em horários de alta incidência (entre às 10 e às 14 horas), continuamente e ao longo de muitos anos. Os raios UV-A também contribuem para o início, ou piora das doenças ocasionadas pelo sol, são responsáveis pelo fotoenvelhecimento (aparecimento de manchas e rugas) e seus efeitos são cumulativos.

Para a prevenção não só do câncer de pele como também das outras lesões provocadas pelos raios UV é necessário evitar a exposição ao sol sem proteção.

No Brasil, o câncer mais frequente é o de pele, correspondendo a cerca de 25% de todos os tumores diagnosticados em todas as regiões geográficas, segundo o Ministério da Saúde. A radiação ultravioleta natural, proveniente do sol, é o seu maior agente causador.

O clima tropical, a grande quantidade de praias, a idéia de beleza associada ao bronzeamento, principalmente entre os jovens, e o trabalho rural favorecem a exposição excessiva à radiação solar.

As pessoas que se expõem ao sol de forma prolongada e freqüente constituem o grupo de maior risco de contrair câncer de pele, principalmente as pessoas de pele clara. Sob circunstâncias normais, as crianças se expõem anualmente ao sol três vezes mais que os adultos. Considerando-se que os danos provocados pelo abuso de exposição solar são cumulativos, é importante que cuidados especiais sejam tomados desde a infância. Estima-se que até os 18 anos de idade, o tempo de exposição solar é maior do que no restante da vida. Pesquisas indicam que a exposição cumulativa e excessiva durante os primeiros 10 a 20 anos de vida aumenta muito o risco de câncer de pele, mostrando ser a infância uma fase particularmente vulnerável aos efeitos nocivos do sol sobre esse órgão. [...]

Os filtros solares são preparações para uso tópico que reduzem os efeitos nocivos da radiação ultravioleta, tendo ação preventiva na formação das queimaduras solares, câncer e envelhecimento provocado pela exposição aos raios ultravioleta. [...]

É preciso ter certos cuidados na hora de se expor ao Sol:

- Usar filtro solar com Fator de Proteção Solar (FPS) maior que 15, pois seu uso é considerado de amplo espectro contra os raios ultravioletas dos tipos UVA e UVB, e bloqueia 93% da radiação incidente.
- Mesmo em dias nublados, cerca de 80% dos raios UV atravessam as nuvens e a neblina. Cuidado com a luz refletida, pois a luz do sol reflete na areia, na neve, nas salinas, no concreto e na água, atingindo a pele, mesmo na sombra.
- Passar uma porção equivalente a mais ou menos 2 gramas (e não 0,5 g como se costuma fazer).
- Mesmo com protetor, usar chapéu com aba para cobrir as orelhas, óculos escuros e guarda-sol de náilon.
- Usar óculos de sol com lentes que protejam contra o ultravioleta.
- Proteger crianças e jovens, pois, em geral, quando se cuida da pele até os 18 anos, cerca de 85% dos casos de câncer podem ser evitados.
- Hidratar a pele após ter tomado sol, para restaurar a umidade perdida, evitando assim o seu ressecamento.
- Tomar cuidado também com certos medicamentos, como o ácido acetilsalicílico, por exemplo, que em contato com o protetor solar e o sol podem causar reações alérgicas.
- Durante a exposição solar não é aconselhável a utilização de produtos como perfumes ou outros produtos não específicos, como receitas para descoloração dos pêlos. Eles devem ser evitados, pois, em geral, promovem queimaduras e podem aumentar os casos de alergia, além de não protegerem contra os efeitos das radiações solares.
- Dê preferência para horários em que seja menor a intensidade dos raios solares para se expor ao sol. Não é recomendável a exposição ao sol entre 10 e 16 horas.
- Não é aconselhável permanecer por longos períodos na mesma posição, como dormir por exemplo. O ideal é mudar de posição frequentemente.
- Tomar sol moderadamente para que o efeito das radiações solares seja benéfico.

O uso do protetor solar deve ser feito não apenas na praia, mas em qualquer situação em que haja exposição prolongada no sol, especialmente entre às 10 e às 16 horas.

Disponível em: <www.inmetro.gov.br/consumidor/produtos/protetorsolar2.asp> Acesso em: jul. 2012.

ATIVIDADES

8 Um objeto quando iluminado com luz branca parecerá:

a) preto se ele for azul.
b) azul se ele for vermelho.
c) branco se ele for azul.
d) verde se ele for preto.
e) preto se ele for preto.

9 Um objeto é azul quando iluminado com a luz branca. Qual a sua cor quando iluminado com a luz azul? E com a luz vermelha?

_____
_____
_____

10 Explique por que os corpos têm cores diferentes, quando iluminados com luz branca.

_____
_____
_____

11 Por que, em dias muito quentes, para evitar maior aquecimento, devemos usar, de preferência, roupas claras?

_____
_____
_____

12 O uso de lâmpadas vermelhas e verdes nas vitrines de exposição de carnes nos açougues e nos supermercados é proibido segundo a Cartilha do Consumidor (elaborada pelo Departamento de Defesa do Consumidor).

a) Explique o que aconteceria com a aparência da carne se nas vitrines de exposição as lâmpadas vermelhas substituíssem as lâmpadas brancas.

_____
_____
_____
_____
_____

b) Explique o que aconteceria com a aparência da carne se nas vitrines de exposição as lâmpadas verdes substituíssem as lâmpadas brancas.

_____
_____
_____

c) Justifique a proibição do uso das lâmpadas vermelhas.

_____
_____
_____

13 (UFPB) As folhas de uma árvore, quando iluminadas pela luz do Sol, mostram-se verdes porque:

a) refletem difusamente a luz verde do espectro solar.

b) absorvem somente a luz verde do espectro solar.

c) refletem difusamente todas as cores do espectro solar, exceto o verde.

d) difratam unicamente a luz verde do espectro solar.

e) a visão humana é mais sensível a essa cor.

Reflexão e espelhos

Reflexão

A reflexão da luz ocorre quando um feixe de luz incide numa superfície, ele se reflete e volta ao mesmo meio de propagação.

- Quando a luz incide numa superfície irregular, ela se reflete em todas as direções. Essa reflexão recebe o nome de reflexão difusa ou reflexão irregular da luz.

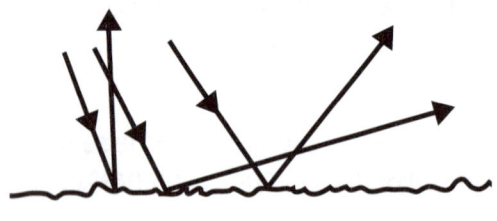

Reflexão difusa.

- Quando a luz incide numa superfície polida de um espelho, ela se reflete em direções determinadas. Essa reflexão recebe o nome de reflexão especular ou reflexão regular da luz.

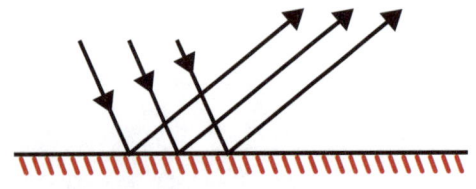

Reflexão especular.

- De acordo com a lei de reflexão, na reflexão especular o ângulo de incidência é sempre igual ao ângulo de reflexão.

N = normal – reta perpendicular à superfície refletora que passa pelo ponto de incidência.
$\hat{i}$ = ângulo de incidência – ângulo formado pelo raio incidente com a normal.
$\hat{r}$ = ângulo de reflexão – ângulo formado pelo raio refletido com a normal.

Espelhos

São superfícies lisas e polidas, em que há reflexão regular da luz. Os espelhos podem ser planos ou esféricos.

- **Espelhos planos**: a superfície polida é plana.

  Normalmente, o espelho plano forma imagem virtual (que se forma atrás do espelho e não pode ser projetada sobre uma superfície) lateralmente invertida.

  A imagem é formada atrás da superfície espelhada, devido aos prolongamentos dos raios refletidos. A imagem e o objeto estão à mesma distância da superfície espelhada e têm o mesmo tamanho.

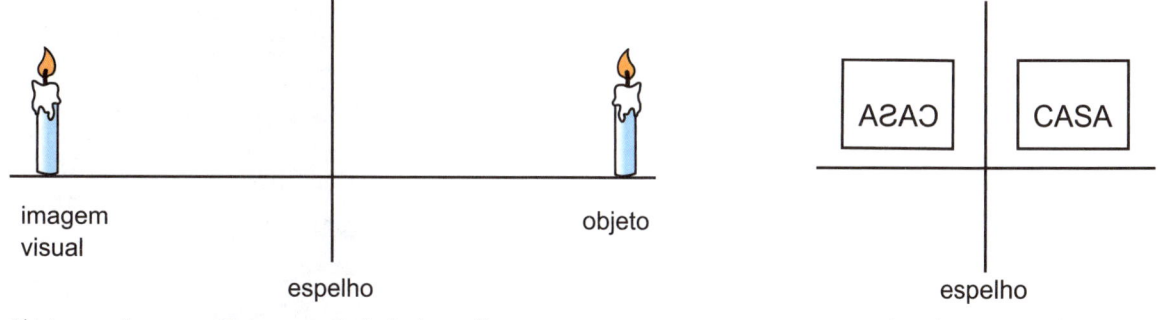

Objeto e sua imagem estão à mesma distância do espelho.

Imagem lateralmente invertida.

- **Espelhos esféricos**: quando a superfície espelhada é uma parte da esfera. Eles podem ser côncavos ou convexos.

Côncavos: quando a superfície espelhada é interna.

As imagens formadas podem ser diretas invertidas e maiores, menores ou iguais em relação aos objetos.

Exemplos: espelhos de dentistas, de barbear, de maquiagem.

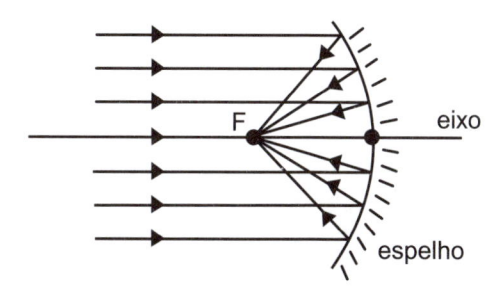

O espelho côncavo faz todos os raios luminosos paralelos convergirem para um único ponto, chamado foco (F).

Convexos: quando a superfície espelhada é externa.

As imagens formadas são menores e não invertidas em relação aos objetos.

Exemplos: espelhos em elevadores, em saídas de garagem, em retrovisores de automóveis e motocicletas.

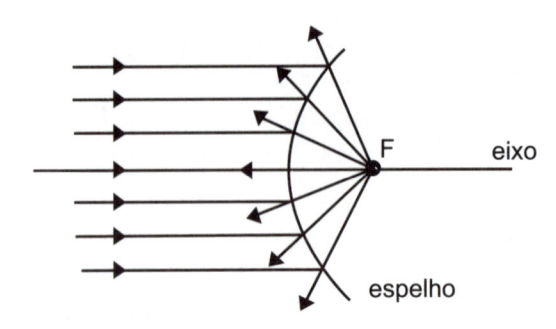

O espelho convexo provoca divergência dos raios luminosos paralelos, espalhando-os. O foco (F) está atrás do espelho.

ATIVIDADES

14 Por que nos carros de bombeiros, de polícia ou ambulâncias as inscrições na frente desses veículos são feitas ao contrário?

_____
_____
_____
_____
_____
_____
_____
_____
_____

15 (Unicamp) O efeito das fases da Lua pode ser atribuído essencialmente à:

a) Reflexão da luz do Sol na Lua.

b) Refração da luz do Sol na Lua.

c) Reflexão da luz do Sol na Terra.

d) Refração da luz do Sol na Terra.

e) Sombra da Terra sobre a Lua.

16 Em lojas e supermercados em geral, são colocados espelhos que permitem a visão de grande parte do ambiente. Qual é o tipo de espelho usado nesses estabelecimentos? Justifique.

_____
_____
_____
_____
_____

17 (Ufscar) A figura representa um objeto e a sua imagem conjugada por um elemento óptico que, na figura, está oculto pelo retângulo riscado. As distâncias do objeto e da imagem ao elemento não estão em escala.
Esse elemento óptico pode ser:

a) um espelho plano.

b) um espelho côncavo.

c) um espelho convexo.

d) uma lente convergente.

e) uma lente divergente.

18 Uma concha de prata, utilizada para servir molho, pode ser comparada com um espelho côncavo ou convexo? Justifique.

_____
_____
_____
_____
_____

19 (PUC) Num relógio de ponteiros, cada número foi substituído por um ponto. Uma pessoa, ao observar a imagem desse relógio refletida em um espelho plano, lê 8 horas. Se fizermos a leitura diretamente no relógio, verificaremos que ele está marcando:

a) 6 h

b) 2 h

c) 9 h

d) 4 h

e) 10 h

55

Refração e lentes

Refração

Refração da luz: é quando um feixe de luz passa de um meio para outro e sofre variação de velocidade.

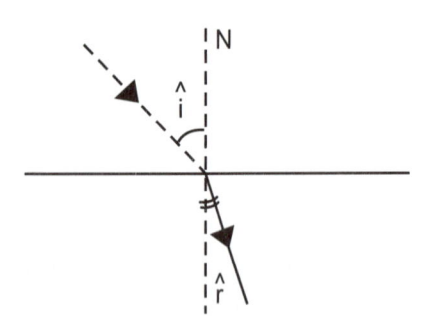

Passagem da luz de um meio menos denso para um meio mais denso. A velocidade diminui.

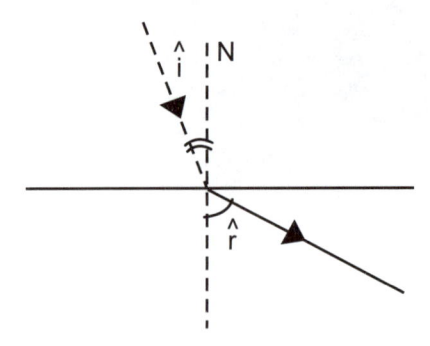

Passagem da luz de um meio mais denso para um meio menos denso. A velocidade aumenta.

N = normal – reta perpendicular à superfície de separação dos dois meios que passa pelo ponto de incidência.

$\hat{i}$ = ângulo de incidência – ângulo formado pelo raio incidente com a normal.

$\hat{r}$ = ângulo de refração – ângulo formado pelo raio refratado com a normal.

Ao passar do ar para a água, a velocidade de propagação da luz muda. É a refração da luz, que cria a ilusão de o canudo estar quebrado.

Quando olhamos para um objeto mergulhado na água, a refração da luz dá a impressão de que o objeto está mais próximo da superfície.

Você sabia?

Miragem é um fenômeno óptico que ocorre com muita frequência em dias ensolarados, nas estradas, nas paisagens desérticas e em alto-mar. O termo miragem vem da expressão francesa *se mirer* que quer dizer mirar-se, ver-se no espelho. Em dias muito quentes, as camadas de ar próximas ao asfalto da estrada são por ele aquecidas e a camada junto ao asfalto é a que fica mais quente.

Um raio de luz que incide no asfalto atravessa as camadas de ar cada vez mais quentes e, portanto, menos densas, aumentando a velocidade de propagação.

O resultado é que o raio se curva para cima e pode chegar ao ponto de sofrer reflexão.

A camada de ar na qual o raio de luz sofre reflexão funciona como um espelho d'água deitado no asfalto. Quando isto acontece vemos o objeto, um carro, por exemplo, refletido, dando a impressão que o asfalto está molhado. A água é ilusão, mas a imagem do carro, não.

Valores aproximados da velocidade da luz em determinados meios:

Meio	Velocidade da luz (km/s) aproximadamente
Vácuo	300.000
Ar	300.000
Água	225.000
Vidro	200.000

Você sabia?

Fibras ópticas são fios longos de fibras de vidro, usados para transmissão de informações por pulsos de luz. A transmissão da luz pela fibra segue um princípio único, independentemente do material usado ou da aplicação: é lançado um feixe de luz numa extremidade da fibra e, pelas características ópticas do material (fibra), esse feixe percorre a fibra por meio de sucessivas reflexões. Elas são utilizadas na telefonia e na medicina.

Lentes esféricas delgadas

Lentes são corpos transparentes, limitados por duas superfícies esféricas ou uma esférica e uma plana.

Elas são feitas de vidro ou qualquer material transparente que tenha a propriedade de desviar os raios luminosos.

Óculos, lupas e lentes de contato são exemplos de lentes; microscópios, telescópios e máquinas fotográficas são exemplos de instrumentos que utilizam lentes.

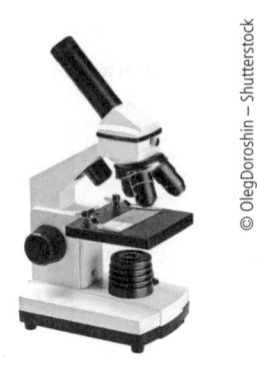

Temos dois tipos de lente: convergente e divergente.

- **Convergente**: é aquela que fecha, concentra o feixe de luz para um ponto chamado foco (F). Permite obter imagem ampliada de um objeto.

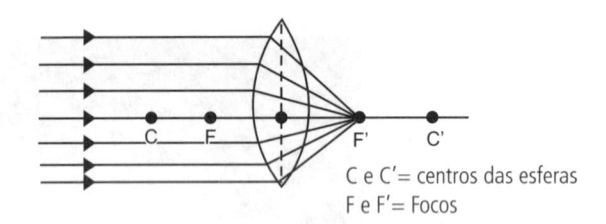

C e C' = centros das esferas
F e F' = Focos

As lentes de óculos para hipermetropia (dificuldade de ver de perto) e a lupa são exemplos de lentes convergentes.

- **Divergente**: é aquela que abre, espalha o feixe de luz. Forma imagem menor que o objeto.

As lentes corretivas para miopia (dificuldade de ver claramente os objetos distantes) e as do olho mágico das portas são exemplos de lentes divergentes.

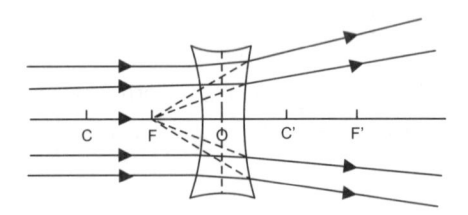

Defeitos da visão e as lentes

Nosso olho possui uma lente convergente denominada cristalino. Sua função é projetar a imagem na retina.

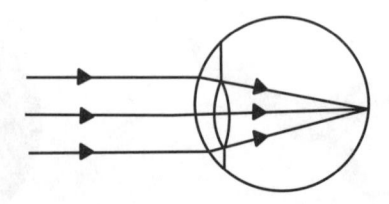

Visão normal.

Hipermetropia

A imagem se forma depois da retina, dificultando a visão de perto. As lentes convergentes são utilizadas para corrigir a hipermetropia, pois aumentam o desvio dos raios luminosos, aproximando a imagem para a retina.

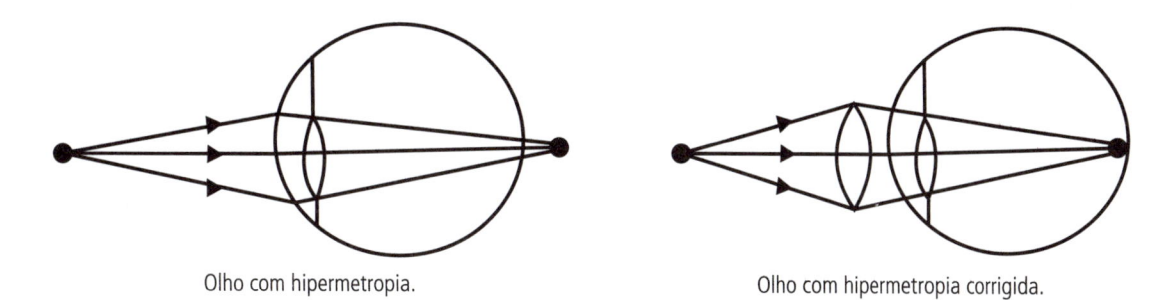

Olho com hipermetropia.

Olho com hipermetropia corrigida.

Miopia

A imagem se forma antes da retina, dificultando a visão de longe. As lentes divergentes são utilizadas para corrigir a miopia, pois diminuem a refração dos raios luminosos, afastando a imagem até a retina.

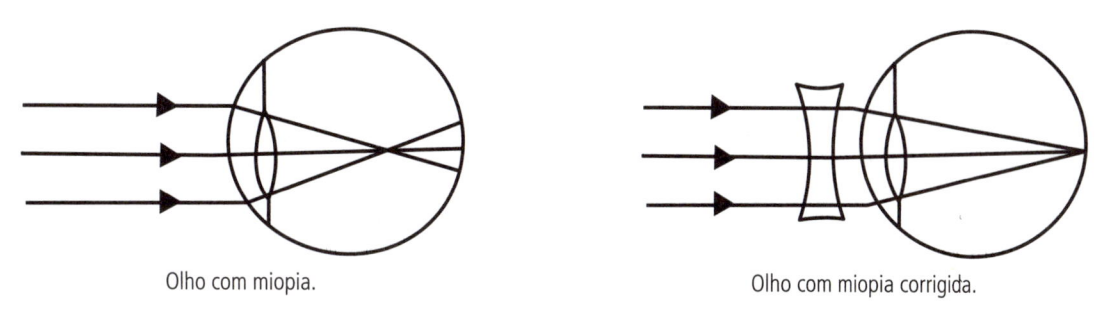

Olho com miopia.

Olho com miopia corrigida.

Astigmatismo

A imagem é formada sem nitidez. São utilizadas lentes cilíndricas, que compensam essa irregularidade da córnea ou do cristalino.

Presbiopia ou vista cansada

A imagem de perto fica prejudicada, pois os músculos ciliados se enfraquecem, perdendo a capacidade de ajuste e diminuindo a nitidez das imagens. Muito comum em pessoas mais idosas. Para corrigir, usamos lentes convergentes, desde que a pessoa não seja míope.

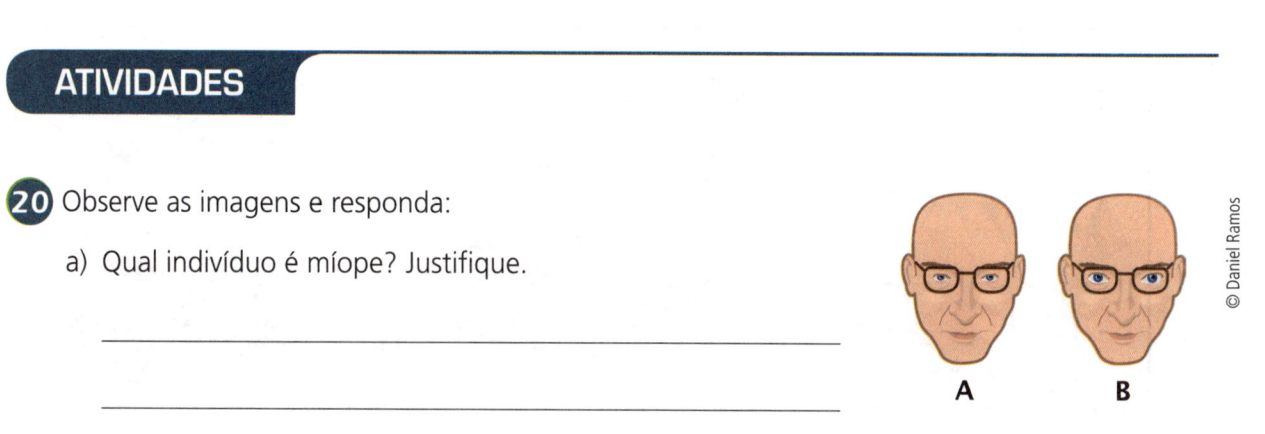

ATIVIDADES

20) Observe as imagens e responda:

a) Qual indivíduo é míope? Justifique.

_____

_____

A   B

b) Qual é a deficiência do outro indivíduo? Justifique.

21 Um indivíduo resolveu pescar com um arpão. Para acertar o peixe, ele lançou o arpão num ponto mais ao fundo do que aquele onde o peixe parecia estar. Explique por que ele lançou o arpão num ponto mais baixo.

22 Explique como as lentes convergentes corrigem a hipermetropia.

23

Pelo diálogo apresentado na tirinha, há uma desconfiança de que o desenhista não enxerga muito bem os objetos distantes (miopia).

a) Supondo que a hipótese esteja certa, assinale o esquema que melhor representa a formação da imagem de um objeto distante num olho com este tipo de defeito de visão.

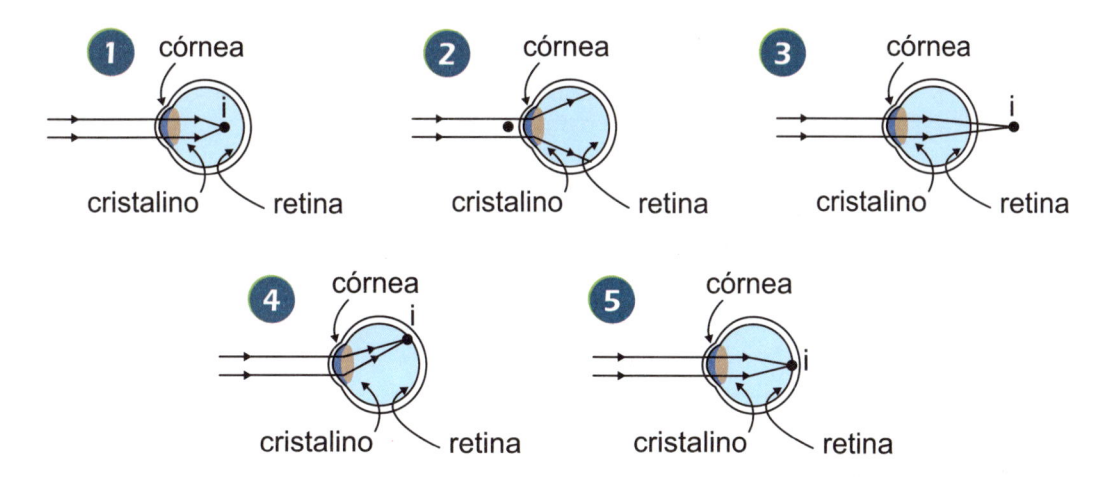

b) Qual é o tipo de lentes esféricas dos óculos que o míope deve usar? Justifique sua resposta.

_____

_____

_____

_____

_____

24 (PUC) Observe a tirinha e responda:

a) Bidu, para resolver o problema da amiga, que só tem 6 mm de altura, utilizou um instrumento. Qual é o nome dele?

_____

61

b) Qual é a função desse instrumento na história em quadrinhos?

_____

_____

c) Qual é o tipo de lente desse instrumento?

_____

_____

d) Qual fenômeno óptico se baseia o funcionamento desse instrumento?

_____

_____

25 Em um dia quente, ao percorrermos uma estrada asfaltada, temos a impressão de que ela está "molhada" à nossa frente. Tal fenômeno é consequência da:

a) polarização da luz.

b) refração da luz.

c) difração da luz.

d) dispersão da luz.

e) interferência da luz.

26 (UFMG) Um professor pediu a seus alunos que explicassem por que um lápis, dentro de um copo com água, parece estar quebrado, como mostrado na figura abaixo:

Bruno respondeu: "Isso ocorre, porque a velocidade da luz na água é menor que a velocidade da luz no ar".
Tomás explicou: "Esse fenômeno está relacionado com a alteração da frequência da luz quando esta muda de meio".

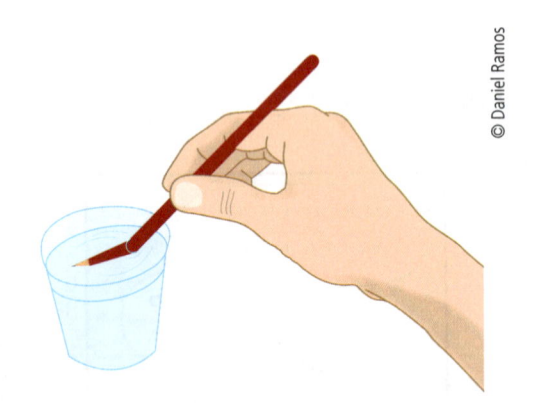

Considerando-se essas duas respostas, é correto afirmar que:

a) apenas a de Bruno está certa.

b) apenas a de Tomás está certa.

c) as duas estão certas.

d) nenhuma das duas está certa.

Capítulo 6

MOVIMENTO

Observe a imagem:

Você já deve ter vivido uma situação parecida: estar dentro de um veículo em movimento.

Normalmente nessa situação a sensação que temos é que tudo que está fora do carro é que se movimenta. Ou seja, você sabe que o carro está se movendo, mas parece que aquilo que está fora do carro é que está se movendo. Se houvesse uma pessoa num ponto de ônibus, por exemplo, você teria a ilusão de que é ela que se move, ao passo que ela teria certeza de que é o carro em que você está que se move.

Essa sensação é natural porque para sabermos se um objeto ou corpo se move é preciso ter sempre um referencial.

Assim, dizemos que um corpo está em movimento quando muda de posição no espaço em relação a um referencial.

Por exemplo: quando estamos sentados, assistindo à televisão, em relação à Terra, estamos em repouso; porém, em relação ao Sol, estamos em movimento (a Terra gira em torno do Sol).

Quando você está sentado no ônibus ou no carro, dizemos que você está em repouso em relação a outras pessoas sentadas no mesmo veículo, ao motorista e ao próprio veículo; porém, você está em movimento em relação a uma pessoa ou a um veículo parado na rua.

Todo corpo que se desloca com o passar do tempo é chamado móvel.

O corpo em movimento descreve uma trajetória, um caminho.

Podemos classificar os movimentos de acordo com a trajetória:

- **Movimentos retilíneos** – trajetórias em linha reta.
- **Movimentos curvilíneos** – trajetórias circulares, elípticas etc.

Moviemento retilíneo

Moviemento curvilíneo

Um automóvel está em uma determinada estrada se movendo a uma velocidade constante de 80 km/h.

Essa situação não parece ser realidade, pois todo automóvel muda sua velocidade constantemente, seja para ultrapassar um veículo mais lento ou até mesmo para estacionar, reduzindo assim sua velocidade.

Quando um corpo se move em velocidade constante dizemos que ele está em movimento uniforme. Neste livro, vamos estudar apenas o movimento retilíneo que pode ser classificado em uniforme ou variado.

Movimento retilíneo uniforme (MRU)

Podemos dizer que, nesse movimento, a trajetória é uma linha reta e que o móvel percorre distâncias iguais, em intervalos de tempo iguais, com velocidade constante.

Alguns conceitos

- **Velocidade de um móvel** – espaço percorrido na unidade de tempo, que simbolizamos como V_m:

- **Intervalo de tempo** – diferença entre o instante final e inicial do movimento, que simbolizamos como **Δt**.
- **Deslocamento** – distância entre a posição final, que simbolizamos como S, e a posição inicial, que simbolizamos como **S₀**.

Vamos ver na ilustração abaixo um esquema de deslocamento de um veículo para conhecer a aplicação dos conceitos.

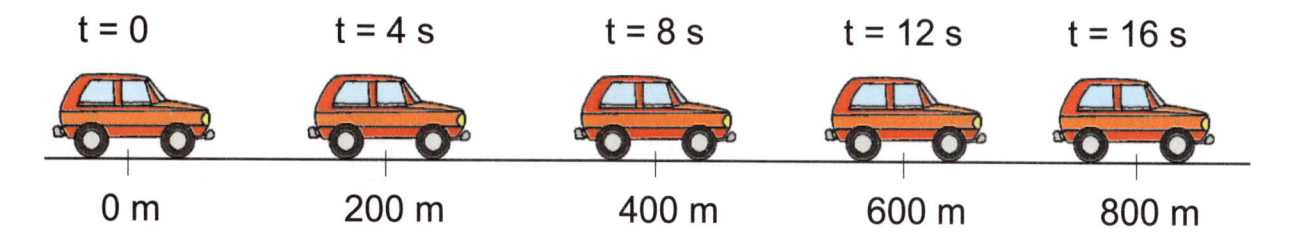

t = 0	t = 4 s	t = 8 s	t = 12 s	t = 16 s
0 m	200 m	400 m	600 m	800 m

Calculando o intervalo de tempo do deslocamento: t = 0 e t = 16s.

Para saber o deslocamento nesse intervalo de tempo, temos de achar a diferença entre a posição inicial e à posição final do veículo.

$\Delta S = S - S_0$
S_0 = posição inicial
S = posição final

$\Delta S = (800 - 0)$
$\Delta S = 800$ m

$\Delta t = t - t_0$
t_0 = tempo inicial
t = tempo final

$\Delta t = (16 - 0)$
$\Delta t = 16$ s

Agora, se quisermos calcular a velocidade média desse deslocamento, temos de dividir a distância percorrida pelo intervalo de tempo:

$$v_m = \frac{\Delta S}{\Delta t} = \frac{800 \text{ m}}{16 \text{ s}} = 50 \text{ m/s}$$

Unidades de medida de velocidade

Para estudar os movimentos é importante conhecermos algumas unidades de medida relacionadas ao assunto:

Unidades de medida	Símbolo
metros por segundo	m/s
quilômetros por hora	km/h
centímetros por segundo	cm/s
quilômetros por segundo	km/s

Movimento variado (MV)

Agora, vamos ver como fica o movimento quando o móvel se desloca com velocidade variada. Esse movimento é o de um atleta numa maratona, o de pessoas nas caminhadas, o de um animal predado por outro, ou mesmo de um carro numa estrada.

Para o estudo do movimento variado é preciso conhecer o conceito de aceleração.

Aceleração (a) é definida como a variação da velocidade em um determinado intervalo de tempo, sendo assim representada:

$$a = \frac{\Delta v}{\Delta t}$$

Unidade de aceleração: $a = \frac{m/s}{s} = m/s^2$

Exemplo:

$t_0 = 0$ \hspace{4cm} $t = 10\ s$

$v_0 = 20\ m/s$ \hspace{4cm} $v = 40\ m/s$

$\Delta v = v - v_0$ \hspace{1cm} $\Delta v = 40 - 20$ \hspace{1cm} $\Delta t = t - t_0$ \hspace{1cm} $\Delta t = 10 - 0$

v_0 = velocidade inicial \hspace{0.3cm} $\Delta v = 20\ m/s$ \hspace{0.5cm} t_0 = tempo inicial \hspace{0.5cm} $\Delta t = 10\ s$

v = velocidade final \hspace{4cm} t = tempo final

$a = \frac{\Delta v}{\Delta t} = \frac{20}{10} = 2\ m/s^2$

ATIVIDADES

1 Observe a história e responda:

a) Qual o estado de movimento do menino que está dentro do carrinho em relação ao chão no quadrinho 1?

_____

_____

66

b) O menino que está dentro do carrinho está em repouso ou em movimento em relação ao chão no quadrinho 2?

_____

_____

c) Qual fator permitiu o início do movimento do carrinho?

_____

_____

2 (PUC-MG) Você e um amigo resolvem ir ao último andar de um edifício. Vocês partem juntos do primeiro andar. Entretanto, você vai pelas escadas e seu amigo, pelo elevador. Depois de se encontrarem na porta do elevador, descem juntos pelo elevador até o primeiro andar. É correto afirmar que:

a) o seu deslocamento foi maior que o de seu amigo.

b) o deslocamento foi igual para você e seu amigo.

c) o deslocamento de seu amigo foi maior que o seu.

d) a distância que seu amigo percorreu foi maior que a sua.

3 Observe a imagem e responda:

Considere as informações abaixo, quanto à situação de repouso ou de movimento dos corpos.

I – Em relação à torcida os jockeys estão em repouso.

II – Em relação aos cavalos os jockeys estão em repouso.

III – Em relação aos jockeys a torcida está em movimento.

IV – Em relação à torcida os jockeys estão em movimento.

A afirmativa que descreve corretamente a situação apresentada é:

a) I.
b) I e III.
c) II e IV.
d) III e IV.

4 Um veículo realiza movimento retilíneo uniforme com velocidade de 30 m/s. Que distância ele percorre em 20 s?

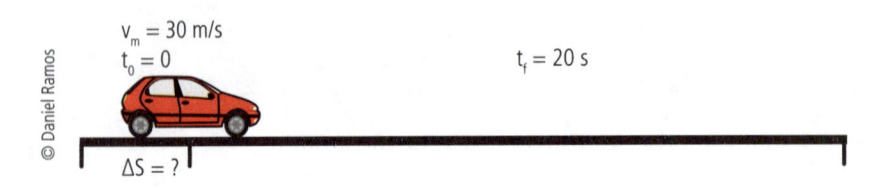

5 Qual a velocidade média de uma motocicleta que percorre uma distância de 180 m em 6 segundos?

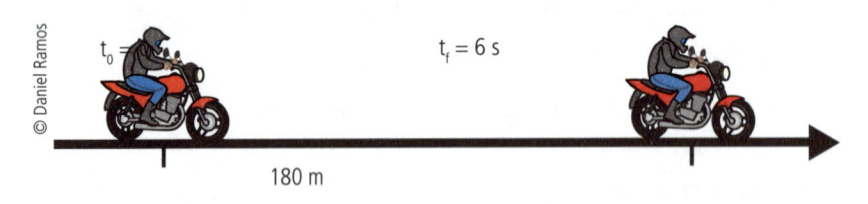

6 Durante viagem de negócios, Paulo, pai de Antônio, altera a velocidade de 12 m/s para 26 m/s em 7 segundos. Qual é a aceleração média imposta por Paulo no seu automóvel?

7 Qual a distância percorrida pelo carro da mãe de Joaquim quando o leva para o dentista, em 45 s, com velocidade média de 70 m/s?

8 Um automóvel parte do repouso e atinge, após 6 s, a velocidade de 18 m/s. Qual foi a aceleração média do automóvel nesse intervalo de tempo?

9 Um ônibus vai de São Paulo a Sorocaba em 2 horas, levando Marina e Juliana para visitar os seus avós. Qual é sua velocidade média, sabendo que a distância entre as duas cidades é 90 km?

10 Numa corrida, um dos carros registrou a velocidade média de 250 km/h. Isso significa que, em todos os instantes, o carro marcava no velocímetro 250 km/h? Justifique.

11 Interprete a imagem e analise as afirmativas que seguem considerando os princípios da mecânica clássica.

I – A mulher encontra-se em movimento em relação às árvores.

II – A mulher encontra-se em repouso em relação ao trem, mas em movimento em relação às árvores.

III – Em relação a um referencial fixo na Terra, a mulher jamais pode estar em repouso.

Estão corretas:

a) Apenas I.

b) I e II.

c) I e III.

d) II e III.

e) I, II e III.

12 Na figura abaixo vemos a posição de uma moto em função do tempo.

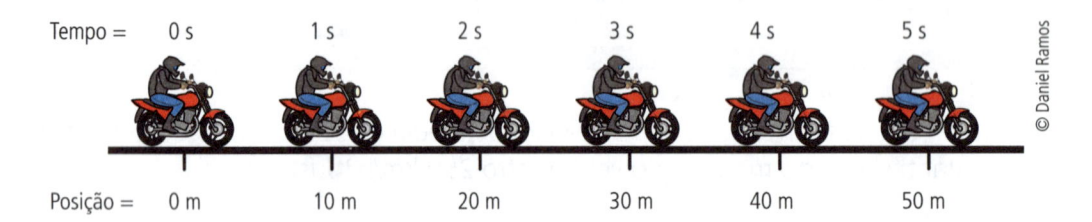

| Tempo = | 0 s | 1 s | 2 s | 3 s | 4 s | 5 s |
| Posição = | 0 m | 10 m | 20 m | 30 m | 40 m | 50 m |

Determine:

a) A velocidade média da moto.

_____

_____

b) Podemos dizer que o movimento da moto é retilíneo uniforme? Justifique.

_____

_____

Capítulo 7
Força e Inércia

Note que, na foto abaixo, o passeio à praia foi frustrado, o carro atolou na areia e precisou de um empurrãozinho de todos.

© Piotr Sikora – Shutterstock

Embora a situação mostrada na foto seja frustrante e um tanto quanto cansativa, diariamente empreendemos força para realizar as atividades mais corriqueiras, desde andar, morder, sentar, levantar etc. Isso sem falar naquelas que nem percebemos, como os batimentos cardíacos, os movimentos peristálticos do processo digestivo, dentre outras.

Desse modo, podemos dizer que para que um corpo saia da situação de repouso é necessário que ele seja submetido à ação de uma força.

Podemos definir **força** toda ação capaz de mudar ou produzir um movimento ou deformar um corpo.

A força pode agir a distância, como, por exemplo, as forças gravitacional e magnética, ou diretamente sobre um corpo, como, por exemplo, os empurrões e os choques. A força pode ser de contato ou de campo. De contato quando ocorre o encontro de dois corpos ou se empurra ou puxa alguma coisa. De campo quando ela é exercida por um objeto à distância, como a força do ímã ou a gravitacional.

Bolas de Newton, força de contato.

Força gravitacional.

Força de contato.

Elementos de uma força

- **Sentido** – orientação da força.

    Exemplo: O sentido da força é da direita para a esquerda.

- **Direção** – reta na qual a força atua sobre o corpo.

    Exemplo: O carro é empurrado na avenida. A direção pode ser horizontal ou vertical, por exemplo.

- **Módulo** – intensidade da força aplicada, valor da força.

A unidade de medida da força é o Newton (N).

Representa-se uma força por um segmento de reta orientado (indicado por uma seta), denominado **vetor**.

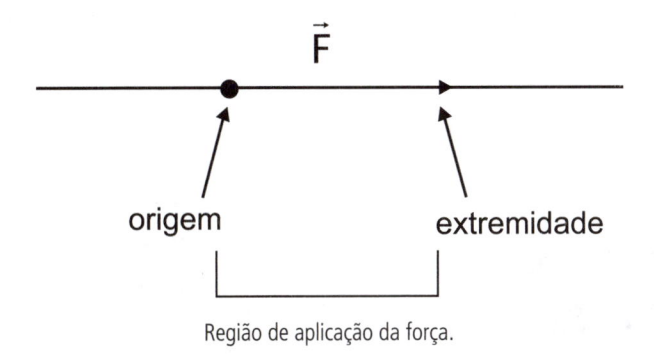

origem — extremidade

Região de aplicação da força.

O comprimento do segmento representa a intensidade da força, a reta é a direção e a seta indica o sentido.

Exemplos:

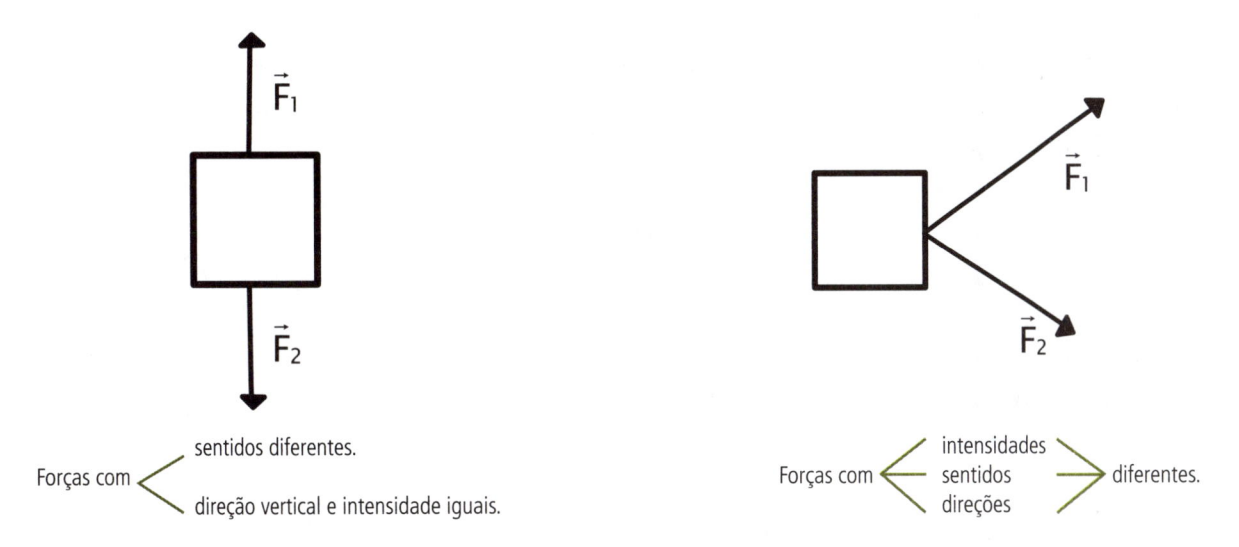

Forças com { sentidos diferentes. / direção vertical e intensidade iguais.

Forças com { intensidades / sentidos / direções } diferentes.

O aparelho usado para medir a intensidade das forças é o **dinamômetro**.

Dinamômetro.

73

Sistemas de forças

As forças que compõem o sistema são chamadas **componentes**.

Todo sistema de forças pode ser substituído por uma única força, a **resultante** (ação de todas as componentes juntas).

Forças de mesma direção e mesmo sentido

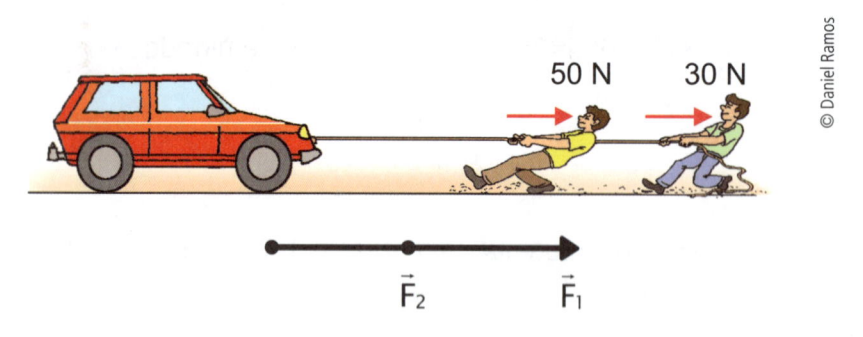

Forças de mesma direção.

Calculando: Em forças com mesma direção, mesmo sentido e mesmo ponto de aplicação, a resultante terá a mesma direção e o mesmo sentido. A intensidade será igual à soma das intensidades das componentes.

$$R = \vec{F}_1 + \vec{F}_2$$
$$R = 50 + 30$$
$$R = 80 \text{ N}$$

Forças de mesma direção e sentidos opostos

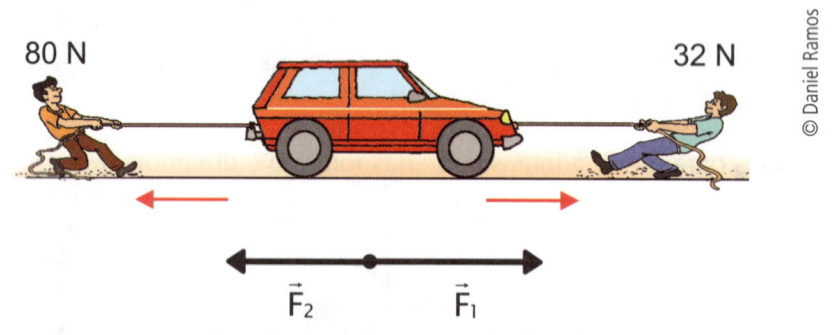

Forças de mesma direção e sentidos opostos.

Calculando: Em forças com mesma direção, sentidos opostos e mesmo ponto de aplicação, a resultante terá a mesma direção das componentes, o sentido será o mesmo da componente maior e a intensidade será igual à diferença entre as intensidades das componentes.

$$R = \vec{F}_2 - \vec{F}_1$$
$$R = 80 - 32$$
$$R = 48 \text{ N}$$

Sistemas de várias forças de mesma direção

Sistema de mais forças (cabo de guerra).

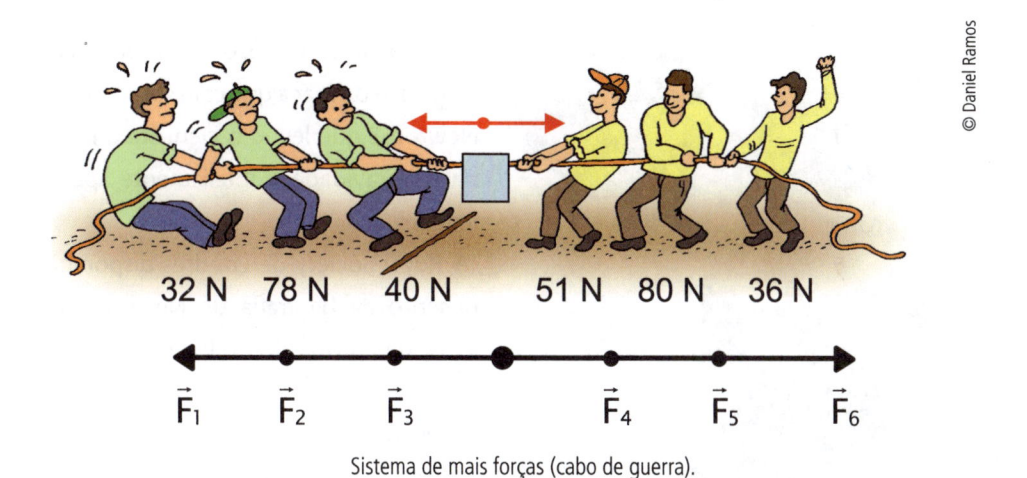

Calculando: Em forças de sentidos opostos, a resultante tem a mesma direção de todas as componentes. A intensidade será igual à diferença entre a soma das componentes de cada lado. O sentido será o mesmo da resultante maior.

Lado direito:

$\vec{F}_4 + \vec{F}_5 + \vec{F}_6$

$R = 51 + 80 + 36$

$R = 167\ N$

$R_{final} = 167 - 150$

$R_{final} = 17\ N$

Lado esquerdo:

$\vec{F}_1 + \vec{F}_2 + \vec{F}_3$

$R = 32 + 78 + 40$

$R = 150\ N$

Em duas forças de mesma intensidade e direção, mas com sentidos opostos, a resultante será nula.

$R = \vec{F}_1 - \vec{F}_2$

$R = 0$

As Leis de Newton

Isaac Newton (1643-1727) foi um cientista, físico e matemático inglês, que também atuou no campo da Astronomia, alquimia, filosofia natural e teologia. Suas pesquisas, estudos e experiências foram muito importantes, sendo consideradas uma das obras de maior relevância para a história da ciência. A obra de Newton foi publicada no ano de 1687 e seus livros descrevem, além da Lei da Gravitação Universal, as três Leis de Newton, que servem de fundamento para a mecânica contemporânea, assim como a teoria do movimento uniforme.

A Lei da Gravidade surgiu quando uma maçã teria caído na cabeça de Newton. Verdade ou mito, a realidade é que Newton descobriu que o Universo está envolto por uma força gravitacional que age sobre todos os elementos.

Você sabia?

Afinal a maçã não caiu na cabeça de Isaac Newton

Um dos mais famosos episódios da história da ciência, o da maçã que caiu sobre a cabeça de Isaac Newton e que levou o cientista a formular a Teoria da Gravidade, é infelizmente apenas uma boa lenda.

A Royal Society de Londres disponibilizou o manuscrito da biografia de Newton, publicada em 1752, de autoria de William Stukeley, *Lembranças da vida de Isaac Newton*, onde o autor menciona o episódio.

Segundo conta o biógrafo, os dois homens jantaram e conversaram enquanto tomavam chá sob um pomar de macieiras. E Newton contou ao seu amigo como lhe ocorrera a ideia, ao ver uma maçã a cair no chão. "Por que razão uma maçã desce sempre de forma perpendicular ao chão?", questionou-se o cientista.

Afinal, a maçã nunca caiu na cabeça de Newton, mas no seu ângulo de visão.

Disponível em: <http://www.coisasinteressantes.com.br/blog/?p=1029>. Acesso em: jun. 2012.

1ª Lei de Newton – Princípio da inércia

Um objeto permanece em repouso ou em movimento uniforme em uma linha reta se sobre ele não atuar nenhuma força ou se a resultante das forças que atuam sobre ele for nula. Essa é a definição do conceito de inércia.

Exemplo:

Quando o ônibus breca, os passageiros tendem a manter-se no seu estado de movimento.

Por isso, as pessoas "vão para a frente" do ônibus quando este breca. Na realidade, a mudança do estado de movimento é apenas do ônibus.

Os passageiros simplesmente tendem a manter-se como estavam. Da inércia resultam os ferimentos em acidentes no tráfego.

ônibus em movimento

ônibus brecando

2ª Lei de Newton – Princípio fundamental da dinâmica

Quando uma força age sobre um corpo ele muda seu movimento em uma quantidade proporcional à força que age sobre ele, e de acordo com a direção da força.

Exemplos:

Para explicar a segunda lei, observe o seguinte exemplo: é com facilidade que movemos o carrinho de compras quando este está vazio, ou seja, quando a sua massa é pequena; no entanto, ao fim das compras, a massa aumenta, e se quisermos que ele ande com a mesma velocidade, ou se quisermos manobrá-lo, o que significa alterar seu movimento, somos obrigados a aplicar uma força de maior intensidade.

Os carros podem aumentar e diminuir sua velocidade graças à ação de forças aplicadas pelo motor e pelo freio, respectivamente.

3ª Lei de Newton – Princípio da ação e reação

Quando um objeto exerce uma força sobre um segundo objeto, este exerce uma força igual e oposta sobre o primeiro.

Exemplos:

Para se deslocar, o nadador empurra a água para trás e esta por sua vez, o empurra para a frente. Note que as forças de ação e reação têm as características apresentadas anteriormente.

O ato de caminhar e o lançamento de um foguete são exemplos da aplicação dessa lei. Ao caminharmos somos direcionados para a frente graças à força que nossos pés aplicam sobre o chão.

Você sabia?

Leis da Física e leis de trânsito

Domingo, 30 de agosto de 2009.

O Código de Trânsito Brasileiro estabelece, no artigo 65, a obrigatoriedade do uso do cinto de segurança para condutores e passageiros em todas as vias do território nacional.

A função básica do cinto de segurança consiste em impedir que os corpos dos ocupantes de um veículo em movimento sejam projetados para a frente, no caso de uma colisão frontal.

Isso ocorre devido a um comportamento natural de qualquer corpo, descrito pela *Primeira Lei de Newton*:

"Todo corpo permanece em seu estado de repouso ou de movimento uniforme em linha reta, a menos que seja obrigado a mudar aquele estado por forças imprimidas sobre ele."

Essa propriedade dos corpos de resistir a alterações no movimento é chamada *inércia*. Daí a Primeira Lei de Newton ser também conhecida como *Princípio da Inércia*.

Portanto, quando um veículo a 40 km/h sofre uma colisão frontal, sua velocidade cai a zero em uma fração de segundos, mas seus ocupantes permanecem a 40 km/h, sendo arremessados contra o para-brisa, no caso dos ocupantes dianteiros, e sobre os ocupantes dianteiros, no caso dos ocupantes do banco traseiro. Exceto se estiverem presos aos bancos pelos cintos de segurança.

O cinto de segurança é obrigatório em todas as vias do território nacional.

Não é apenas uma lei de trânsito, é uma lei da Física!

A dica é: use o cinto de segurança em todas as vias do território nacional! Não só em vias de grande circulação, mas também em vias de pouca circulação e ao percorrer pequenos trajetos.

Disponível em: <http://dicasdeumprofessor.blogspot.com/2009/08/leis-da-fisica-e-leis-de-transito.html>. Acesso em: jun. 2012.

ATIVIDADES

1 Defina força.

_____
_____
_____
_____

2 Observe o esquema abaixo e calcule a força resultante e o sentido.

30 N 40 N 35 N   80 N

_____
_____
_____
_____
_____
_____
_____

3 Observe, abaixo a representação de uma situação de equilíbrio.

A   B

A melhor representação vetorial das forças que atuam na corda nos pontos A (mulher) e B (grupo de pessoas) é:

a) → ←

b) ← →

c) ↘ ↗

d) ↓ ↑

4) Qual é a causa da variação do estado de movimento de um corpo?

5) Observe as figuras abaixo e responda às questões:

a) As forças $\vec{F}_1$ e $\vec{F}_2$, indicadas em **A**, têm o mesmo sentido e a mesma intensidade? Explique.

b) Em **B**, $\vec{F}_1$ e $\vec{F}_2$ têm a mesma direção e o mesmo sentido?

c) Em **C**, $\vec{F}_1$ e $\vec{F}_2$ têm sentidos iguais ou opostos? Explique.

d) Em **D**, $\vec{F}_1$ e $\vec{F}_2$ têm a mesma direção e a mesma intensidade? Explique.

e) Em **C**, $\vec{F}_1$ e $\vec{F}_2$ têm intensidades iguais? Justifique.

6 Observe as forças que atuam sobre este corpo e responda:

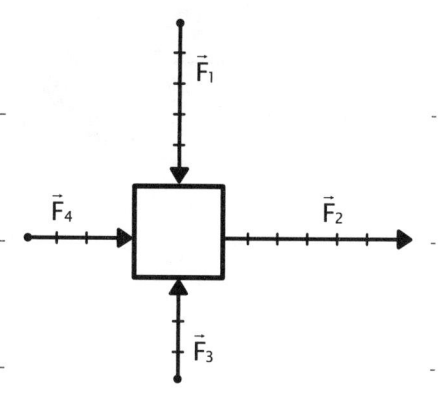

a) Quais forças têm a mesma intensidade?
_____

b) Quais forças têm a mesma direção?
_____

c) Quais forças têm sentidos opostos?
_____

d) Quais forças têm o mesmo sentido?
_____

7 Dê a intensidade, a direção e o sentido da resultante dos sistemas de forças abaixo.

a)

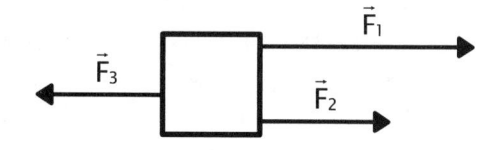

$\vec{F}_1 = 20\ N$
$\vec{F}_2 = 10\ N$
$\vec{F}_3 = 8\ N$

_____
_____
_____
_____

b)

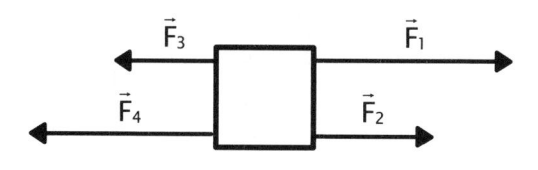

$\vec{F}_1 = 200\ N$
$\vec{F}_2 = 150\ N$
$\vec{F}_3 = 100\ N$
$\vec{F}_4 = 450\ N$

_____
_____
_____
_____

c)

$\vec{F}_1 = 13\ N$
$\vec{F}_2 = 8\ N$

8 Duas forças, de intensidade 80 N e 60 N, respectivamente, agem na mesma direção, porém em sentidos contrários. Qual é a intensidade da resultante, sua direção e seu sentido?

9 Um aluno que tinha tido sua primeira aula sobre o Princípio da ação e reação ficou sem gasolina no carro. Raciocinou: "Se eu tentar empurrar o carro com uma força de intensidade $\vec{F}$, ele vai reagir com uma força de intensidade $\vec{F}$ na mesma direção mas em sentido contrário; ambas vão se anular e eu não conseguirei mover o carro". Mas seu colega desceu do carro e o empurrou, conseguindo movê-lo. Qual o erro cometido pelo aluno em seu raciocínio?

Máquinas simples

Chamamos de máquina todo dispositivo ou instrumento que, aproveitando uma força, facilita a realização de um esforço físico.

Como você viu no começo deste capítulo, força é toda ação capaz de mudar o estado de repouso, de produzir deformação ou de mudar o estado de movimento de um corpo.

As máquinas criadas por nós realizam trabalho (cortar, abaixar, empurrar, mudar de lugar) para diminuir o esforço.

Tipos de máquinas simples

Alavanca

É uma barra rígida, que pode girar em torno de um ponto de apoio, movendo um corpo.

De acordo com a localização do ponto de apoio e das forças potente e resistente, podemos classificar os tipos de alavancas.

Força potente ou **de ação** – é a força aplicada à máquina.

Força resistente ou **de resistência** – é a força a ser vencida.

Tipos de alavanca

Alavanca interfixa – o ponto de apoio está localizado entre as forças potente e resistente.

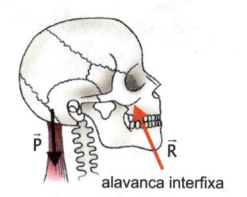

Alavanca interfixa no corpo.

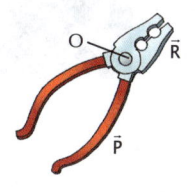

Alicate.

O – ponto de apoio $\vec{P}$ – força potente $\vec{R}$ – força resistente

Alavanca inter-resistente – a força resistente está localizada entre o ponto de apoio e a força potente.

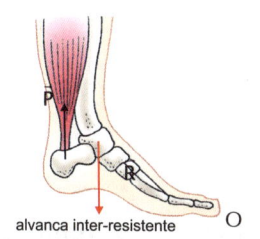

Músculo da perna exerce força de potência. Tíbia e fíbula – força de resistência.

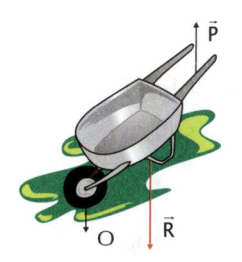

Carrinho de mão.

Alavanca interpotente – a força potente está localizada entre o ponto de apoio e a força resistente.

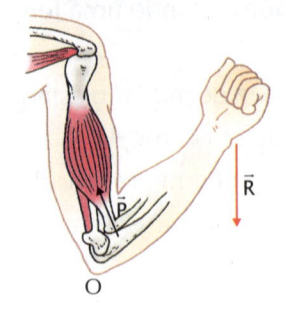

Alavanca interpotente.

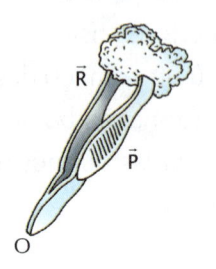

Pinça.

Você sabia?

Arquimedes, um dos maiores matemáticos do século III a.C., natural da cidade de Siracusa, localizada na ilha da Sicília, nasceu aproximadamente no ano 287 a.C. e morreu durante a Segunda Guerra Púnica em Siracusa, em 212 a.C. Era filho de um astrônomo e também adquiriu uma reputação em astronomia.

Arquimedes.

Polia.

Catapulta.

Diz a lenda que Siracusa resistiu ao sítio de Roma por quase três anos, devido às engenhosas máquinas de guerra inventadas por Arquimedes para deixar seus inimigos a distância. Entre elas: catapultas para lançar pedras; cordas, polias e ganchos para levantar e espatifar os navios romanos; invenções para queimar os navios.

Disponível em: <http://eteviprimeiroc.blogspot.com/2009/11/arquimedes-e-alavanca.html>. Acesso em: jul. 2012.

Roldana

Também chamada de polia. É uma roda que gira em torno de um eixo, com uma corda ou fio que passa por um canal ou sulco.

Tipos de roldanas

Fixa – é presa num suporte. Ela não tem a propriedade de diminuir a força, porém permite a aplicação da força em direções diferentes ao do movimento que se deseja realizar com o corpo.

$\vec{F}_P$ – força de potência.

$\vec{F}_R$ – força de resistência.

Roldana fixa.

Móvel – não se fixa a suporte algum. O eixo pode ser deslocado com a força resistente. A vantagem é que esse tipo de roldana reduz a força a ser empregada.

Roldana móvel.

ATIVIDADES

10 Como podemos definir máquina simples?
_____
_____

11 Defina força de resistência e força potente.
_____
_____

12 Quando flexionamos o antebraço sobre o braço, temos que tipo de alavanca? Justifique.
_____
_____

13 Que tipo de alavanca é usada quando levantamos a cabeça, puxando-a para trás?

_____
_____

14 Observe a imagem e responda:

a) Qual tipo de alavanca observamos na imagem?

_____

b) Dê três exemplos de instrumentos, usados no nosso cotidiano, que apresentam esse tipo de alavanca.

_____
_____

15 Dê os tipos de alavancas.

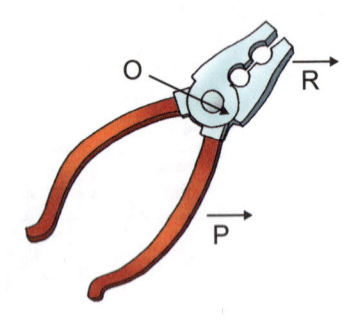

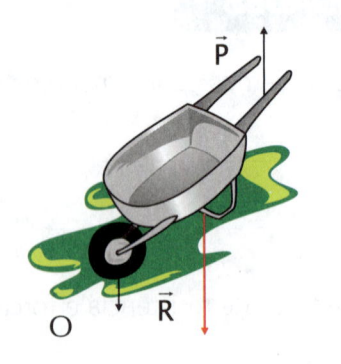

a) _____ b) _____

16 Qual tipo de montagem de roldana facilita a movimentação de um corpo? Justifique.

_____
_____

Capítulo 8
ELEMENTOS QUÍMICOS

Os átomos são formados por partículas ainda menores, chamadas prótons, elétrons e nêutrons.

Prótons e nêutrons têm massas equivalentes, mas diferem em carga elétrica: os primeiros têm carga positiva; os nêutrons são desprovidos de carga. Elétrons têm carga negativa, mas a sua massa é desprezível.

De acordo com o modelo atômico atual, os átomos possuem uma região maciça central, o **núcleo** (formado apenas de prótons e nêutrons), em torno da qual orbitam os elétrons. A região ocupada pelos elétrons é chamada **eletrosfera**.

A característica mais fundamental de um átomo é o número de prótons que ele abriga em seu núcleo. Esse número, representado pela letra Z, é referido como **número atômico**. Todos os átomos existentes no Universo que têm o mesmo número atômico pertencem, por definição, ao mesmo elemento químico. Em outras palavras, um elemento químico é o conjunto de todos os átomos existentes no Universo que possuem o mesmo número de prótons.

Alguns dos nomes dados aos átomos se referem a corpos celestes ou figuras mitológicas, como, por exemplo, o hélio (do grego *helios*, que é a personificação do Sol na mitologia grega); outros indicam uma propriedade do elemento, como o cloro (do grego *khlorós*, em referência à sua cor amarelo-esverdeada etc.)

Cada elemento químico é representado por um **símbolo**, formado por uma ou duas letras retiradas do seu nome, às vezes em latim ou grego. A primeira letra é maiúscula e a segunda, minúscula.

Exemplos: Carbono – C
            Enxofre – S (*sulfur* – latim)
            Cálcio – Ca
            Mercúrio – Hg (*hydrargirum* – latim)
            Zinco – Zn

Íons

Como já vimos, elemento químico é um conjunto de átomos que apresenta o mesmo número de prótons.

Cada elemento químico possui um número atômico (Z).

O número atômico de um elemento químico é igual ao seu número de prótons. Como o átomo é eletricamente neutro, o seu número de prótons é igual ao seu número de elétrons.

Exemplo: Alumínio – Símbolo = Al

$^{27}_{13}Al$ número atômico: Z = 13
número de massa: A = 27

Os átomos possuem a capacidade de ganhar ou perder elétrons, formando os íons, que ficam eletricamente carregados. Logo, o número de prótons é diferente do número de elétrons.

Cátions

São íons positivos (os átomos perdem elétrons). O número de prótons é maior do que o número de elétrons.

O símbolo do elemento químico é acompanhado pelo número que indica a quantidade de elétrons perdidos e do sinal +.

Exemplos: Al^{3+} – cátion alumínio (perdeu 3 elétrons)
Na^+ – cátion sódio (perdeu 1 elétron)

Ânions

São íons negativos (os átomos ganham elétrons). O número de prótons é menor do que o número de elétrons.

O símbolo do elemento químico é acompanhado pelo número que indica a quantidade de elétrons ganhos e do sinal –.

Exemplos: Cl^- – ânion cloreto (ganhou 1 elétron)
S^{2-} – ânion sulfeto (ganhou 2 elétrons)

Nosso organismo possui alguns elementos químicos na forma de íons. Esses íons apresentam papel importante nos processos metabólicos.

Podemos citar alguns íons, como:

Ca^{2+} – participa dos processos de contração muscular e coagulação sanguínea; é componente fundamental dos ossos.

K^+ – participa do equilíbrio eletrolítico dos líquidos existentes em nosso corpo e é responsável pelo funcionamento das células nervosas.

I^- – entra na formação do hormônio da tireoide.

Fe^{2+} – entra na formação da hemoglobina, pigmento que dá cor vermelha ao sangue, e se combina com o oxigênio, transportando-o durante o processo de respiração.

Zn^{2+} – componente das enzimas envolvidas na digestão; atua no processo de coagulação.

A tabela periódica

TABELA PERIÓDICA DOS ELEMENTOS (IUPAC)

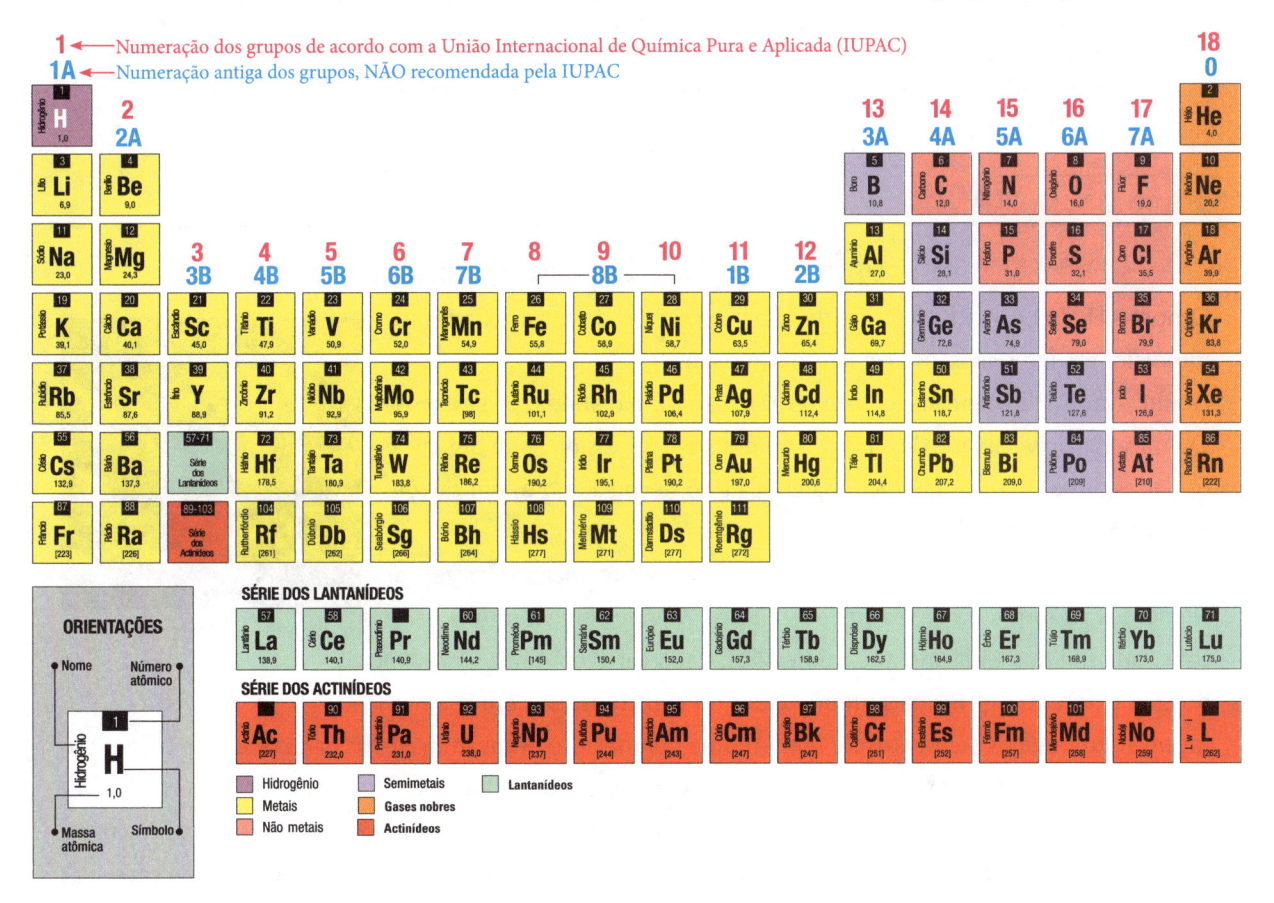

- Os elementos químicos são representados por seus símbolos, dentro de um quadradinho.
- As linhas horizontais são chamadas **períodos**, onde os elementos estão dispostos na ordem crescente de seus números atômicos.

- As linhas verticais são as **famílias**. Os elementos estão agrupados segundo suas propriedades químicas.
- Os elementos químicos estão divididos em metais, semimetais, não metais, gases nobres e hidrogênio.

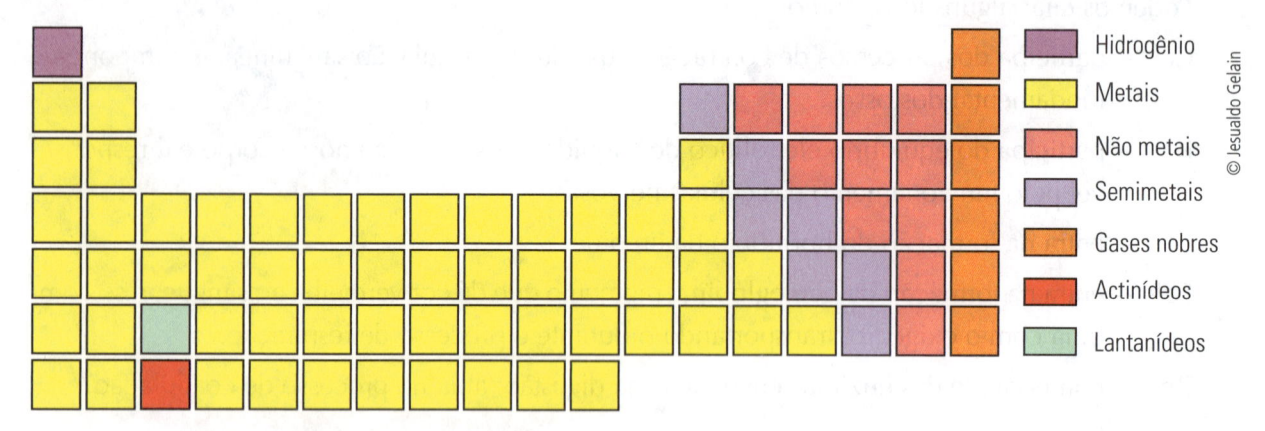

Legenda:
- Hidrogênio
- Metais
- Não metais
- Semimetais
- Gases nobres
- Actinídeos
- Lantanídeos

© Jesualdo Gelain

O átomo apresenta na sua eletrosfera elétrons que estão distribuídos em camadas ou níveis. Cada camada comporta um número máximo de elétrons, conforme abaixo:

Camada ou nível	K	L	M	N	O	P	Q
Número máximo de elétrons	2	8	18	32	32	18	2

O número de camadas varia conforme o número de elétrons do átomo.

Você sabia?

A tabela periódica, segundo Mendeleev

O nome "TABELA PERIÓDICA" é devido à repetição de propriedades, de intervalos em intervalos, dos elementos químicos.

Dimitri Ivanovich Mendeleev (1834-1907), nascido na Sibéria, professor de Química na Universidade de St. Petersburg, sentiu necessidade de organizar os dados dos elementos químicos da época e começou a anotar em cartões as informações sobre eles.

Em 1869, enquanto escrevia seu livro de química inorgânica, organizou os elementos na forma da tabela periódica atual. Mendeleev criou uma carta para cada um dos 63 elementos conhecidos. Cada carta continha o símbolo do elemento e suas principais propriedades ou características. Em sua montagem notou que os elementos de uma mesma coluna apresentavam algumas características comuns, o mesmo acontecendo com os elementos situados em uma mesma linha.

Em seu agrupamento, com linhas e colunas ocupadas por elementos químicos, percebe algumas lacunas, deixa-as em branco e prevê que elas serão preenchidas por átomos ainda desconhecidos, e descreve suas possíveis propriedades. Mais tarde, as descobertas do gálio (1875), escândio (1879) e germânio (1886) confirmam suas previsões.

Em 1906, Mendeleev recebeu o Prêmio Nobel por este trabalho.

Dimitri Ivanovich Mendeleev

© Domínio público

Distribuição eletrônica

Bromo – possui 35 elétrons

- Na 1ª camada (K), teremos 2 elétrons

  K = 2   faltam 33 elétrons

- Na 2ª camada (L), teremos 8 elétrons

  K = 2

  L = 8   faltam 25 elétrons

- Na 3ª camada (M), teremos 18 elétrons

  K = 2

  L = 8

  M = 18   faltam 7 elétrons

- Na 4ª camada (N), teremos 7 elétrons

  K = 2

  L = 8

  M = 18

  N = 7

Temos algumas regras na distribuição eletrônica:

- em todos os átomos, o número de elétrons na última camada não ultrapassa 8.
- a penúltima camada de qualquer átomo tem, no máximo, 18 elétrons.

Você sabia?

Resíduos industriais lançados nos rios e mares podem ser altamente tóxicos. Ficou famoso o caso de envenenamento pelo mercúrio ocorrido no Japão, na baía de Minamata, em meados do século XIX. Uma fábrica de plástico lançava mercúrio no mar e contaminava peixes e ostras, e as pessoas que se alimentavam desses organismos contaminados sofreram envenenamento. Ocorreram muitas mortes e casos de surdez, cegueira, perda da fala e dos movimentos, e de lesões no fígado, rins e intestinos. A doença ficou conhecida como Mal de Minamata.

O mercúrio é usado no garimpo para separar o ouro em pó da lama. A mistura de ouro e mercúrio é separada pelo aquecimento. O mercúrio evapora e se espalha contaminando o garimpeiro, o ar, a água e o solo. O mercúrio, como os demais metais pesados, acumula-se ao longo da cadeia alimentar.

Na bacia do Tapajós (PA), lugar de onde é extraída grande parte do ouro do Brasil, foram encontrados vários peixes com concentrações de mercúrio acima do limite permitido.

ATIVIDADES

1 Observe as imagens, dê o nome do elemento químico de que cada objeto é constituído e seu símbolo:

a)

_____

b)

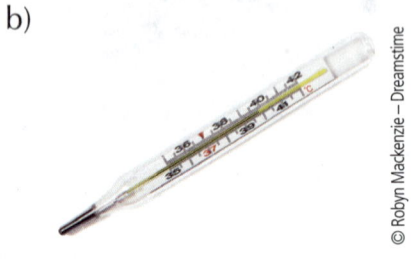

_____

c)

_____

d)

_____

2 Cite o nome e a função, em nosso organismo, de cinco elementos químicos diferentes dos citados nos exercícios.

_____
_____
_____
_____
_____
_____
_____

3 Dê o nome e o símbolo do:

a) metal usado na fabricação de joias.

_____

b) não-metal usado na cloração da água potável.

_____

c) gás usado em balões dirigíveis.

d) metal usado em fios elétricos.

4 O cálcio está presente em nossos dentes e ossos e é importante para o funcionamento, por exemplo, do sistema nervoso e do nosso sistema imunológico. Ele pode ser obtido do leite e derivados, vegetais de folhas verdes, alguns peixes, algas etc.
Com a idade, sua deficiência pode causar osteoporose – ossos finos e quebradiços.

a) O cálcio pode se apresentar sob duas formas: cálcio metálico (Ca^0) e cátion cálcio (Ca^{2+}). Qual delas você acredita estar presente nesses alimentos e em nosso organismo?

5 Observe a tabela abaixo:

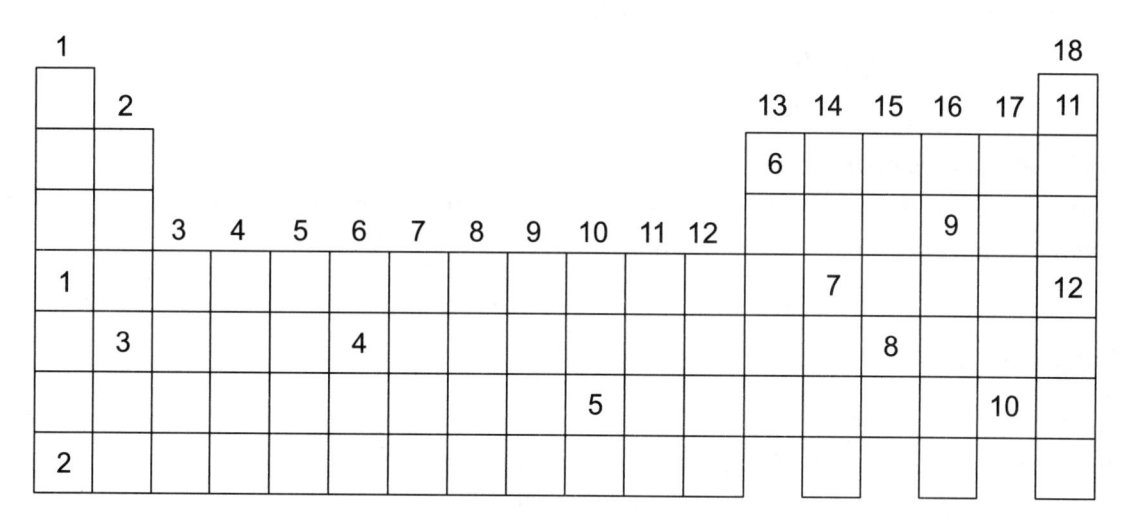

Os números representam os elementos químicos, de acordo com suas posições na tabela periódica. Responda às questões:

a) São metais os números

b) Dê os símbolos químicos dos metais do item **a**.

c) São ametais os números

d) São gases nobres os números

6 Para produzir alumínio a partir do minério, gasta-se muita energia. O Brasil por várias vezes bateu o recorde mundial de reciclagem de lata de alumínio, economizando uma quantidade de energia que daria para abastecer uma cidade de um milhão de habitantes.
Em sua opinião, que outras vantagens encontraríamos na reciclagem do alumínio e de outros metais?

_____

_____

Ligações químicas

Os elementos químicos são encontrados na natureza, geralmente, combinados; em algumas vezes, são átomos de vários elementos; em outras, de um único elemento.

Ex.: oxigênio
$\begin{cases} O_2 - \text{oxigênio} \\ O_3 - \text{ozônio} \\ CO - \text{monóxido de carbono} \\ CO_2 - \text{dióxido de carbono} \\ H_2O - \text{água} \end{cases}$

Somente os gases nobres ou raros não se combinam com outros.

Esses gases são o hélio, o neônio, o argônio, o criptônio, o xenônio e o radônio; eles formam a atmosfera juntamente com o oxigênio, o nitrogênio e o gás carbônico.

Regra do octeto

Já vimos, que os elétrons dos átomos que formam os elementos químicos estão distribuídos em camadas ou níveis de energia. Como os gases nobres não se combinam, possuir uma eletrosfera semelhante à deles significa que o átomo está estabilizado.

Os gases nobres apresentam 8 elétrons na última camada, exceto o hélio, que possui 2.

Elementos / Camadas de energia	K	L	M	N	O	P	Q
Hélio	2						
Neônio	2	8					
Argônio	2	8	8				
Criptônio	2	8	18	8			
Xenônio	2	8	18	18	8		
Radônio	2	8	18	32	18	8	

Tipos de ligações químicas

• **Ligação iônica** – nessa ligação, temos ganho e perda de elétrons.

Ex.: sal de cozinha (cloreto de sódio)

$$NaCl \quad Na \begin{cases} K = 2 \\ L = 8 \\ M = 1 \end{cases} \quad Cl \begin{cases} K = 2 \\ L = 8 \\ M = 7 \end{cases} \rightarrow Na\cdot \; \cdot\ddot{\underset{..}{Cl}}:$$

$$Na^+Cl^-$$

Quando os átomos ganham ou perdem elétrons, transformam-se em íons.

Íons com carga positiva – **cátions** (perderam elétrons)

Íons com carga negativa – **ânions** (ganharam elétrons)

Ex.: cloreto de cálcio

$$CaCl_2 \quad Ca \begin{cases} K = 2 \\ L = 8 \\ M = 8 \\ N = 2 \end{cases} \quad Cl \begin{cases} K = 2 \\ L = 8 \\ M = 7 \end{cases} \rightarrow Ca : \begin{matrix} \cdot\ddot{\underset{..}{Cl}}: \\ \cdot\ddot{\underset{..}{Cl}}: \end{matrix}$$

$$Ca^{2+}Cl^- \rightarrow CaCl_2$$

Você sabia?

NaCl – composto iônico

O principal componente do sal de cozinha é o cloreto de sódio. Pode ser encontrado nos mares ou em locais que um dia foram cobertos por suas águas. É usado na alimentação e na indústria.

Os registros do uso do sal remontam há 5 mil anos. Ele já era usado na Babilônia, no Egito, na China e em civilizações pré-colombianas. Nas civilizações mais antigas, contudo, apenas as populações costeiras tinham acesso a ele. Mesmo assim, estavam sujeitas a períodos de escassez, determinados por condições climáticas e por períodos de elevação do nível do mar. A tecnologia de mineração só começou a se desenvolver na Idade Média.

Escasso e precioso, o sal era vendido a peso de ouro. Em diversas ocasiões, foi usado como dinheiro. Entre os exemplos históricos mais conhecidos, figura o costume romano de pagar em sal parte da remuneração dos soldados, o que deu origem à palavra salário.

Como Portugal possuía salinas, tratou de exportar seu sal para as colônias e de proibir não apenas a extração local, mas também o aproveitamento das salinas naturais. Os brasileiros, que tinham acesso a sal gratuito e abundante, foram obrigados, em 1655, a consumir o produto caro da Metrópole. No final do século XVII, quando a expansão da pecuária e a mineração de ouro aumentaram demais a demanda, a Coroa, incapaz de garantir o abastecimento, permitiu o uso do sal brasileiro, desde que comercializado por contratadores.

A partir de 1808, quando D. João VI, ameaçado por Napoleão, transferiu para o Rio de Janeiro a sede do I Império Português, a extração e o comércio de sal foram permitidos dentro do reino, mas persistia, ainda, a importação. As primeiras salinas artificiais começaram a funcionar no Brasil depois da Independência.

Salinas em Macau – RN.

- **Ligação covalente** – ocorre quando há compartilhamento de elétrons.

Ex.: $O \begin{cases} K = 2 \\ L = 6 \end{cases}$ $O_2 =$ Ö::Ö

O_2	$O = O$	Ö::Ö
Fórmula molecular	Fórmula estrutural	Fórmula eletrônica

Ex.: H_2O $O \begin{cases} K = 2 \\ L = 6 \end{cases}$ $H \{ K = 1$ H:Ö:H

H_2O	$H - O - H$	H:Ö:H
Fórmula molecular	Fórmula estrutural	Fórmula eletrônica

ATIVIDADES

1 Consulte a tabela periódica, encontre os elementos químicos cálcio e enxofre e responda:

a) Qual o número atômico dos elementos consultados?

b) Faça a distribuição eletrônica dos elementos.

c) Qual tipo de ligação química deverá se formar entre os elementos? Justifique.

2 Considere os elementos químicos Z e W, que formam cátions de carga Z^{3+} e ânions de carga W^{1-}. Dê a fórmula do composto formado e quantos elétrons teriam na última camada os elementos Z e W.

3 Observe a tabela periódica abaixo e responda:

a) Utilizando a tabela periódica, dê o símbolo e o nome dos elementos químicos representados por letras no esquema acima.

A –

B –

C –

D – _____

E – _____

F – _____

G – _____

b) Escreva as fórmulas químicas dos compostos formados pelos elementos abaixo e classifique as ligações em iônicas ou covalentes.

BF – _____

AG – _____

CD – _____

AE – _____

BE – _____

4 "Os átomos dos gases nobres dificilmente se combinam com outros átomos." Explique a frase.

_____

_____

_____

_____

_____

_____

_____

5 A amônia é uma substância molecular formada por átomos de hidrogênio unidos a um átomo de nitrogênio.

a) Qual é a fórmula molecular da amônia?

_____

_____

b) Quantas ligações covalentes existem na molécula de amônia?

_____

_____

_____

Capítulo 9

As funções químicas

Quando trabalhamos com classificação dos seres vivos, percebemos como ela facilita a nossa compreensão. Em Química também podemos classificar as substâncias de acordo com a semelhança de suas propriedades químicas.

Compostos inorgânicos
- Ácidos
- Bases
- Sais
- Óxidos

Compostos orgânicos
(com cadeias de carbono)
- Cetonas
- Álcoois
- Ácidos orgânicos
- Aminas
- Hidrocarbonetos

Compostos inorgânicos

Ácido:
Substância que, em solução aquosa, sofre dissociação, liberando H⁺ como único cátion.

HCl *(H⁺Cl⁻ (ácido clorídrico)

Os ácidos apresentam, entre suas propriedades, a capacidade de conduzir a corrente elétrica quando dissolvidos em água.

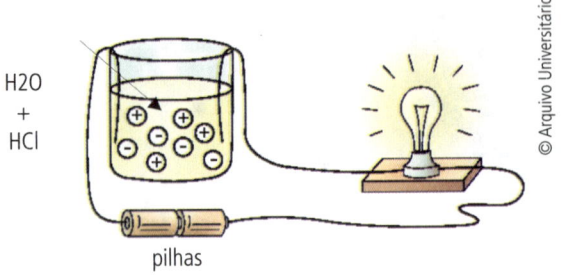

Alguns exemplos de ácidos:

- **Ácido clorídrico** (HCl) – também chamado de muriático (quando impuro), é utilizado na limpeza; encontrado no suco gástrico, é responsável pela sua acidez.

- **Ácido sulfúrico** (H_2SO_4) – usado na produção de fertilizantes, nas antigas baterias de automóveis, na produção de tintas, explosivos, corantes, papel, plásticos etc.

- **Ácido carbônico** (H_2CO_3) – presente nos refrigerantes gaseificados.

O ácido sulfúrico é utilizado na fabricação de tintas.

A água com gás é gaseificada pela adição de ácido carbônico.

- **Ácido fosfórico** (H_3PO_4) – é usado na produção de detergentes, aditivos de alimentos e refrigerantes, na fabricação de tinturas, de vidros etc.

- **Ácido cianídrico** (HCN) – usado na indústria de plásticos, de corantes e acrílicos. Foi usado pelos nazistas nas câmaras de gás dos campos de concentração na Segunda Guerra Mundial.

- **Ácido nítrico** (HNO_3) – usado na fabricação de explosivos (TNT, dinamite), de fertilizantes e de plásticos.

Base ou hidróxido:
Substância que, em solução aquosa, sofre dissociação, liberando OH⁻ como único ânion.

NaOH *(Na⁺ + OH⁻ (hidróxido de sódio)

- As bases apresentam, entre suas propriedades, a capacidade de conduzir corrente elétrica quando dissolvidas em água.

Explosivo TNT feito a base de ácido nítrico.

Alguns exemplos de bases:

- **Hidróxido de sódio** (NaOH) – conhecido por soda cáustica, é usado na fabricação de detergentes, do sabão, de celofane e de produtos para desentupir pias e ralos; usado também no processo de extração de celulose na indústria de papel.

- **Hidróxido de magnésio** [$Mg(OH)_2$] – em suspensão aquosa, é usado como laxante, antiácido; conhecido como leite de magnésia.

- **Hidróxido de cálcio** [$Ca(OH)_2$] – conhecido por cal hidratada, é usado na mistura com cimento nas massas de construção, na fabricação do açúcar refinado e para reduzir a acidez do solo antes do plantio.

Para produção do açúcar refinado é usado cal hidratada.

- **Hidróxido de amônio** (NH_4OH) – conhecido como amoníaco, é usado em alguns produtos de limpeza.

Indicador ácido-base:

Substância que apresenta determinada coloração em meio ácido e outra em meio básico.

Os principais exemplos de indicadores químicos são a fenolftaleína, o papel de tornassol, o suco de repolho roxo, o de beterraba e o de amora.

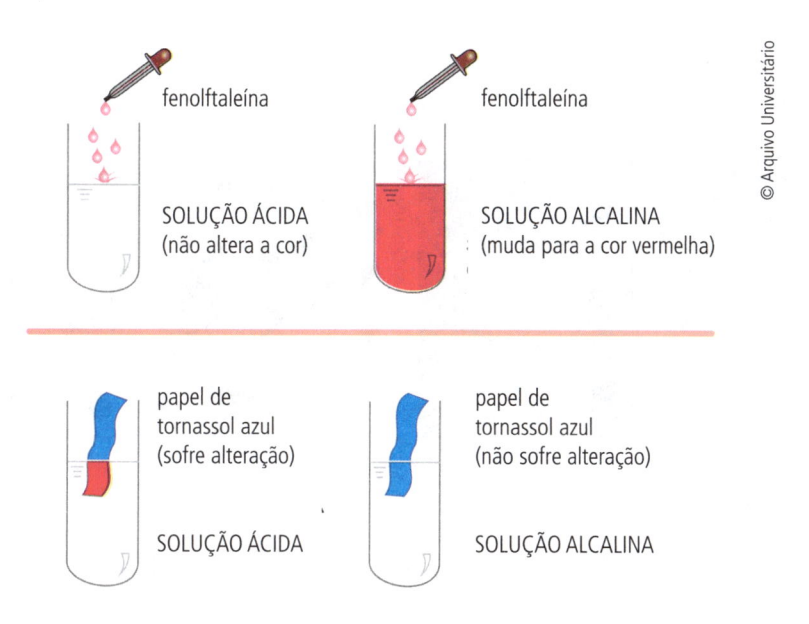

fenolftaleína — SOLUÇÃO ÁCIDA (não altera a cor)

fenolftaleína — SOLUÇÃO ALCALINA (muda para a cor vermelha)

papel de tornassol azul (sofre alteração) — SOLUÇÃO ÁCIDA

papel de tornassol azul (não sofre alteração) — SOLUÇÃO ALCALINA

Obs.: O tornassol é extraído de certos líquens.

Sal:
Composto iônico em solução aquosa que sofre dissociação e forma pelo menos um cátion diferente de H^+ e um ânion diferente de OH^- ou O^{2-}.

Ex.: NaCl *($Na^+ + Cl^-$ (cloreto de sódio – sal de cozinha)

- Assim como os ácidos e as bases, os sais apresentam, entre suas propriedades, a capacidade de conduzir corrente elétrica quando em solução aquosa.

Alguns exemplos de sais:

- **Cloreto de sódio** (NaCl) – sal de cozinha, usado para salgar a comida, na conserva de alimentos, na composição do soro fisiológico.

- **Fluoreto de sódio** (NaF) – usado na fluoretação da água e em pasta de dente para evitar a cárie.

- **Sulfato de cálcio** ($CaSO_4$) – um dos componentes do gesso e do giz.

O sal é o cloreto de sódio.

Na pasta de dente há fluoreto de sódio.

No giz há sulfato de cálcio.

- **Bicarbonato de sódio** ($NaHCO_3$) – usado na fabricação de fermento químico, medicinalmente como antiácido, um dos componentes dos talcos desodorantes.

- **Carbonato de sódio** (Na_2CO_3) – conhecido por barrilha, é usado na fabricação de corantes, sabões, remédios, no tratamento de água de piscina e na fabricação de vidro comum.

- **Nitrato de sódio** ($NaNO_3$) – conhecido como salitre do chile, é usado na fabricação de fertilizantes.

- **Carbonato de cálcio** ($CaCO_3$) – encontrado nas conchas de moluscos, em recifes de corais, na casca do ovo, nas pérolas, no calcário e no mármore.

O carbonato de cálcio está presente nos corais e nas pérolas.

Óxido:
Composto formado pelo oxigênio e outro elemento químico, exceto o flúor.
Ex.:   CO – monóxido de carbono
   CO_2 – dióxido de carbono

Alguns exemplos de óxidos:

- **Dióxido de carbono** (CO_2) – indispensável no processo de fotossíntese, também é usado para intensificar o sabor dos refrigerantes e em extintores de incêndio; no estado sólido, é conhecido como gelo-seco.

- **Dióxido de nitrogênio** (NO_2) e **dióxido de enxofre** (SO_2) – poluentes da atmosfera, em contato com a água formam a chuva ácida.

- **Monóxido de carbono** (CO) – poluente da atmosfera, combina-se com a hemoglobina e pode levar à morte.

Gás carbônico presente em extintores de incêndio.

- **Peróxido de hidrogênio** (H_2O_2) – conhecido como água oxigenada, em solução aquosa, é utilizado como antisséptico e alvejante.

- **Óxido de magnésio** (MgO) – misturado com a água, reage formando o leite de magnésia, que é antiácido estomacal.

- **Dióxido de silício** (SiO_2) – principal componente da areia, que pode ser usada na produção de vidro e cimento. Quando puro, é usado na produção de fibras ópticas.

> **Você sabia?**
>
> ### Chuva ácida
>
> Vários gases poluentes, especialmente os *óxidos de enxofre* e *de nitrogênio*, combinam-se com moléculas de água da atmosfera, causando a **chuva ácida**, frequente nas regiões altamente industrializadas.
>
> Na natureza, a água reage com certos óxidos formando ácidos. É o caso da reação da água com o dióxido de carbono, ou gás carbônico (CO_2), formando o ácido carbônico:
>
> $$H_2O + CO_2 \, (\, H_2CO_3 \,)$$
>
> Esse ácido é útil ao ecossistema, pois participa do processo químico de formação dos solos argilosos.
>
> Alguns ácidos, no entanto, são muito agressivos aos ecossistemas, sendo considerados poluentes altamente nocivos. São ácidos formados pela reação da água com óxidos liberados pelas indústrias e veículos automotivos, principalmente.
>
> Um exemplo é o dióxido de enxofre (SO_2), que reage com o oxigênio do ar, dando SO_3, que, em seguida, com o vapor-d'água da atmosfera, forma o ácido sulfúrico (H_2SO_4):
>
> $$SO_2 + \tfrac{1}{2}O_2 \, (\, SO_3 \,)$$
> $$SO_3 + H_2O \, (\, H_2SO_4 \,)$$
>
> Esses ácidos caem, depois, com a água da chuva e, como são ácidos fortes e corrosivos, poluem severamente o ecossistema: rios, lagoas, florestas, mares têm seu ambiente biológico prejudicado, pois a vida é agredida e ameaçada por esses ácidos. A população humana também sofre efeitos do que se passou a chamar chuva ácida.

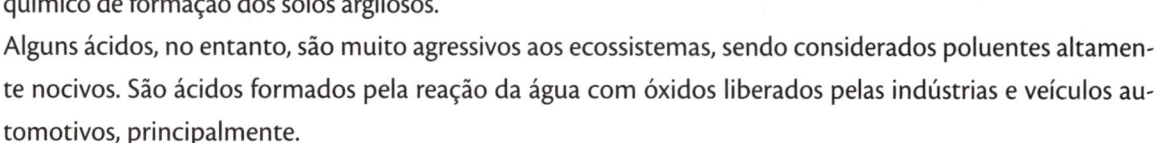

O ambiente físico também é agredido pelos ácidos trazidos pela chuva, pois eles infiltram-se no solo e reagem com várias substâncias, libertando produtos tóxicos, que são absorvidos pelas plantas e ingeridos por animais.

Além da agressão à natureza em si, a chuva ácida deixa suas marcas na arquitetura em todo o mundo: os ácidos da chuva reagem com a superfície construída, corroendo-a e, em alguns casos, até mesmo destruindo algumas de suas partes.

No Brasil, como acontece em todo o mundo, a acidez da chuva está relacionada com o desenvolvimento industrial: cidades com maior número de fábricas, de indústrias e de veículos têm, certamente, maior concentração de ácidos; no entanto, nem sempre caem onde são produzidos, pois o vento frequentemente carrega as nuvens para outras regiões, geralmente próximas.

Três exemplos de ecossistemas brasileiros nos quais se têm detectado os efeitos da chuva ácida são o Parque Florestal do Rio Doce, a Floresta da Tijuca e parte da Mata Atlântica, próxima à Grande São Paulo.

Os efeitos da chuva ácida têm sido revelados nesses e em outros ecossistemas, o que seguramente não significa serem eles os únicos atingidos; certamente, significa que eles foram estudados. O mal causado pela chuva ácida é, no entanto, muito maior do que se conhece.

ATIVIDADES

1 Classifique as substâncias em ácido ou base e coloque os seus nomes:

a) H_2SO_4

b) $Ca(OH)_2$

c) HCN

d) HNO_3

e) $LiOH$

f) HI

g) $AgOH$

2 Observe o quadro dos indicadores ácido-base:

Fracionários	Papel de tornassol	Fenolftaleína
Ácido	vermelho	incolor
Base	azul	vermelho

Agora, complete o quadro abaixo com a cor, observando as mudanças de cores com os indicadores.

Materiais	Solução de fenolftaleína	Papel de tornassol
Vinagre	incolor	
Leite de magnésia		azul
Ácido sulfúrico		
Suco de limão		
Água + sabão		azul
Ácido clorídrico		
Soda cáustica	vermelho	

3 Classifique os compostos segundo as informações:

1 – ácido   2 – base   3 – sal   4 – óxido

a) KCl _____   d) H_2CO_3 _____   g) $CaSO_4$ _____

b) H_2SO_4 _____   e) $CaCO_3$ _____   h) FeO _____

c) H_2O_2 _____   f) KOH _____   i) NaOH _____

4 Explique a chuva ácida e relacione, classificando, os compostos dessa poluição atmosférica. Destaque as principais consequências da chuva ácida.

_____
_____
_____
_____
_____

5 Que elemento químico está presente na fórmula de todos os ácidos?

_____

6 A concentração de CO_2 na atmosfera tem aumentado nos últimos anos. Cite uma consequência ambiental desse aumento.

_____

_____

7 Escreva o nome da substância e da função química representadas pela substância presente em cada uma das figuras a seguir.

a)

b)

_____ _____

_____ _____

8 Durante uma atividade de estudo do meio, um grupo de alunos pegou uma amostra da água do rio pelo qual passaram. Fizeram o teste com o papel de tornassol e constataram que o papel ficou avermelhado.

a) A água desse rio está ácida ou básica? Justifique.

_____

_____

_____

b) Em sua opinião, a acidez do rio influencia as espécies de seres vivos que nele vivem? Explique.

_____

_____

_____

_____

_____

Capítulo 0
FUNDAMENTOS DE GENÉTICA

Ablestock

Observe a foto de uma família. Note como os filhos se parecem os pais nos seus traços físicos, tipo de cabelo, cor da pele, formato do nariz, dos olhos, da orelha.

Há na descendência de qualquer ser vivo sempre uma semelhança com seus ancestrais.

Irmãos se parecem mais entre si do que com outras crianças. Filhotes de *bulldogs* se parecem com os pais e não com *poodles*.

A forma como as características são transmitidas dos pais para os filhos é a área de estudo da genética.

Neste capítulo, vamos conhecer a forma como ocorre a transmissão de características paternas e maternas aos descendentes.

Em termos de história da ciência, os conceitos de genética são recentes, pois foi somente na segunda metade do século XIX que o Gregor Mendel (1822-1884), um monge austríaco, realizou experiências que estabeleceram os primeiros conceitos sobre a transmissão de heranças de pais para filhos.

Apesar das descobertas de Mendel terem sido publicadas em 1865, somente em 1901 é que seu trabalho foi reconhecido.

Os estudos de Mendel

Mendel desenvolveu seus trabalhos a partir do estudo da reprodução com plantas de ervilhas de linhagens puras e percebeu que uma planta de sementes amarelas pura, por autofecundação, produzia sempre plantas com ervilhas amarelas.

Gregor Mendel.

O mesmo resultado ele obteve com sementes verdes. Uma planta de sementes verdes pura, por autofecundação, originava sempre plantas com sementes verdes.

A autofecundação é o processo de reprodução sexuada com os gametas provenientes de um mesmo indivíduo, não havendo combinação de material genético diferente daquele que forma o próprio indivíduo, daí a denominação também de linhagens puras.

Geração parental	P	amarela × amarela
Primeira Geração	F_1	amarela 100%

Geração parental	P	verde × verde
Primeira Geração	F_1	verde 100%

Depois, Mendel cruzou duas plantas puras de ervilhas, uma amarela e outra verde. A primeira geração, ou F1, produziu plantas com sementes todas amarelas.

A autofecundação de plantas F1 resultou, em F2, para cada três plantas com sementes amarelas, uma planta com sementes verdes.

Geração parental	P	amarela × verde
Primeira Geração	F_1	amarela 100%
Segunda Geração	F_2	amarela 75% verde 25%

Mendel teve algumas vantagens escolhendo as ervilhas para seus cruzamentos: fácil cultivo, reprodução rápida, muitas sementes, flores hermafroditas, autofecundação e outras.

A interpretação de Mendel

Ele entendeu que as células teriam fatores que seriam transmitidos de uma geração para outra, por meio dos gametas.

Seriam dois fatores em cada célula do corpo e eles poderiam ser puros (iguais) ou impuros (diferentes), os quais Mendel chamava híbridos.

Os dois fatores de uma célula deveriam se separar durante a formação dos gametas, isto é, cada gameta teria apenas um fator.

O importante é que Mendel percebeu que, nos indivíduos impuros, com os dois fatores diferentes, as sementes eram amarelas e não verdes. Ele concluiu que, quando dois fatores diferentes estivessem juntos, um dos fatores seria mais forte do que o outro. No caso da cor das sementes das ervilhas, o fator para amarelo seria dominante em relação ao fator para verde.

Características	Dominância
1. Formas das sementes: lisa ou rugosa	sementes lisas
2. Cor das sementes: amarela ou verde	sementes amarelas
3. Cor da casca das sementes: cinza ou branca	sementes de cascas cinza
4. Forma da vagem: inflada ou deprimida	vagens infladas
5. Cor da vagem madura: verde ou amarela	vagens verdes
6. Disposição das flores no caule: axilar ou terminal	flores axilares
7. Comprimento do caule: longo ou curto	caule longo

Revisitando os trabalhos de Mendel

Muitas estruturas celulares ou conceitos relativos ao funcionamento das células foram descobertos, ou conhecidos, no final do século XIX e no início do século XX.

Com todas essas informações, Mendel diria que seus "fatores" eram os genes, trechos do DNA de cada cromossomo, onde estão gravadas as características de cada espécie e de cada indivíduo.

Células diploides, como as somáticas, têm dois jogos de cromossomos, e todos os genes são encontrados aos pares.

Os indivíduos chamados puros são homozigotos e os híbridos são heterozigotos.

Um gene que encobre outro, fazendo aparecer a característica ou caráter que ele determina, é chamado dominante. O gene encoberto é dito recessivo e só manifesta seu caráter quando está em dose dupla.

Na herança da cor das sementes de ervilhas, amarelo é dominante em relação ao verde.

- Planta homozigota com sementes amarelas: VV

- Planta heterozigota com sementes amarelas: Vv (ela produz sementes amarelas, mas é portadora do gene para sementes verdes.)

- Planta com sementes verdes: vv (a cor verde só se manifestou porque os genes estão em dose dupla. A planta, cujo caráter considerado é recessivo, é sempre homozigota para esse caráter.)

Conceitos importantes

- Genótipo: genes responsáveis pelo aparecimento ou manifestação de cada caráter presente em cada indivíduo.

Cabe lembrar que o mesmo indivíduo pode ser dominante para algumas características, mas recessivo para outras.

- Fenótipo: cada característica perceptível num indivíduo, determinada pelo genótipo em interação com o ambiente.

Genótipos	Fenótipos
VV	sementes amarelas
Vv	sementes amarelas
vv	sementes verdes

genótipo + meio = fenótipo

- Homólogos: par de cromossomos de uma célula, no qual um é de origem materna e outro é de origem paterna.

As células somáticas da espécie humana têm 23 pares de cromossomos. Cada um desses pares é formado por um cromossomo que veio no gameta materno e pelo mesmo cromossomo que veio no gameta paterno.

- Alelos: genes iguais ou diferentes, que ocupam o mesmo lugar ou posição num par de cromossomos homólogos.

- Hereditários: caráter determinado por um ou mais genes, localizados em cromossomos; por isso, podem ser transmitidos de uma geração para outra.

- Congênito: caráter que surge no nascimento, mas que não foi herdado (malformações no embrião ou infecções adquiridas da mãe pela placenta).

- Herança autossômica: qualquer caráter determinado por um ou mais genes, localizados nos cromossomos não sexuais.

Você sabia?

Aplicações da genética

- Prevenção (aconselhamento genético) e tratamento de doenças.
- A terapia genética permite substituir genes doentes por genes sãos, ou mesmo eliminar os genes doentes.
- Intervenções terapêuticas definidas de acordo com o perfil genético do doente, o que faz com que a probabilidade de sucesso do tratamento seja maior.

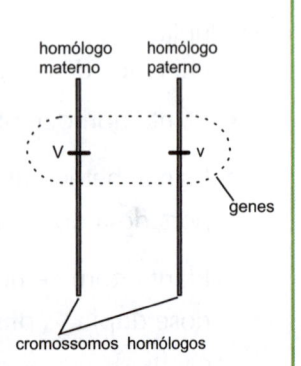

As aplicações acima descritas fazem parte da genética médica. Outras utilizações da genética humana estão relacionadas à medicina legal e criminologia, a saber: reconhecimento de tecidos, reconhecimento de identidade por meio de características genéticas, em especial as impressões digitais (dactiloscopia) e o exame de DNA, seja para identificação de paternidade, de vítimas de sinistros ou de potenciais homicidas. Tão importantes para a humanidade quanto a genética médica são as aplicações dessa ciência ao melhoramento animal e vegetal. Sabemos que a genética praticamente se iniciou com a domesticação de animais (fase pré-científica) e com os estudos de genética vegetal de Mendel. Contudo, vivemos um impasse ainda não bem dimensionado pela comunidade científica: a produção de Organismos Geneticamente Modificados ou Transgênicos, cujo impacto sobre o meio ambiente e mesmo sobre as estabilidade do DNA ainda não é de todo conhecida.

Outra aplicação dessa ciência vem de sua associação à epidemiologia (epidemiologia genética) e toxicologia (tóxico-genética e radiogenética), na medida em que produzem estratégias de identificar os agentes mutagênicos, teratogênicos ou carcinogênicos que ameaçam a saúde das comunidades humanas e a integridade dos ecossistemas.

Disponível em :<http://www.engenhariageneticabioq.page.tl/Organismos-Transg-e2-nicos.htm>. Acesso em: jun. 2012.

A 1ª lei de Mendel

Nos indivíduos parentais, cada característica, ou caráter, é representada por um par de fatores ou genes. Os descendentes, em F1, também apresentam um par de fatores ou genes para cada uma das características.

Como isso seria possível?

Mendel descobriu que, na formação dos gametas (células haploides), os genes de cada par se separam, indo cada um para um gameta. Quando dois gametas se unem, restituem o par de fatores ou genes.

Portanto, a 1ª lei de Mendel é a lei da pureza dos gametas ou mono-hibridismo: cada caráter é determinado por um par de genes alelos, os quais se separam na formação dos gametas.

Exemplo:

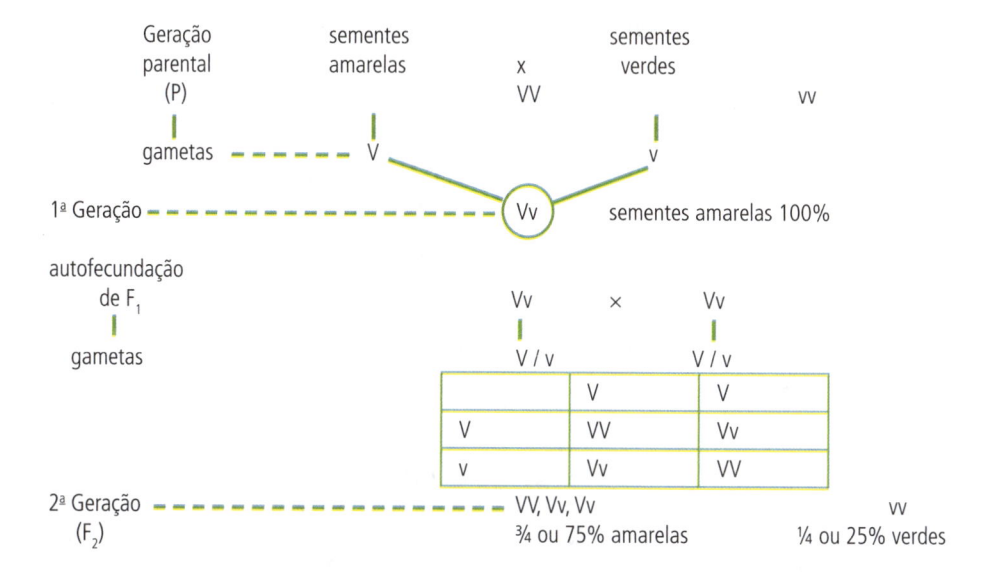

Geração parental (P): sementes amarelas VV × sementes verdes vv

gametas: V / v

1ª Geração: Vv — sementes amarelas 100%

autofecundação de F_1

gametas: Vv × Vv → V / v ; V / v

	V	V
V	VV	Vv
v	Vv	VV

2ª Geração (F_2): VV, Vv, Vv — ¾ ou 75% amarelas ; vv — ¼ ou 25% verdes

P: Vermelha   Branca

F₁: 100% Rosa

F₂: 25% Vermelha — 50% Rosa — 25% Branca

Entre algumas características não há dominância, como é o caso destas flores.

Como resolver os problemas de genética

- Duas plantas de ervilha foram cruzadas e as plantas resultantes (F_1) produziam vagens com sementes amarelas e com sementes verdes. Qual o genótipo das plantas parentais?

Resolução: como em F_1 são produzidas sementes amarelas e verdes, as duas plantas da geração parental apresentam os genes para as duas cores, isto é, são heterozigotas.

P: Vv ×   Vv

Gametas: V; v   V; v

	V	v
V	VV	Vv
v	Vv	vv

VV, Vv, Vv – amarelas
vv – verdes

- O tipo de lobo da orelha, solto ou preso, é um tipo de herança autossômica. O lobo solto é determinado por um gene dominante e o lobo preso é determinado por um gene recessivo. Um homem, cujas orelhas têm lobo solto, casa-se com uma mulher do mesmo fenótipo. Sabendo que a mãe do homem e o pai da mulher possuem orelhas com lobos presos, quais os possíveis fenótipos dos filhos do casal?

Resolução:

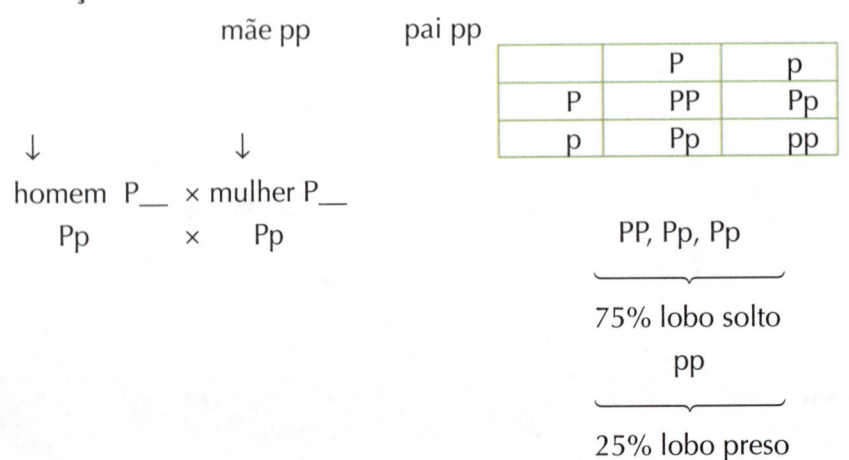

mãe pp   pai pp

↓   ↓

homem P__ × mulher P__
   Pp   ×   Pp

	P	p
P	PP	Pp
p	Pp	pp

PP, Pp, Pp
⎵
75% lobo solto

pp
⎵
25% lobo preso

- O albinismo é outro tipo de herança autossômica. O gene para o albinismo (falta de pigmentação na pele, no cabelo, na íris do olho etc.) é recessivo e só age em dose dupla. Um homem albino, casado com uma mulher normal, teve duas crianças normais e uma albina. Qual é a chance de o quarto filho do casal ser albino?

Resolução:

homem albino   mulher normal
aa   ×   A__

2 filhos A__; A__   1 filho aa
normais   albino

aa × Aa

	A	a
a	Aa	aa*

(*) 50% de chance de nascer outra criança albina.

ATIVIDADES

1 Observe o esquema abaixo e responda às questões:

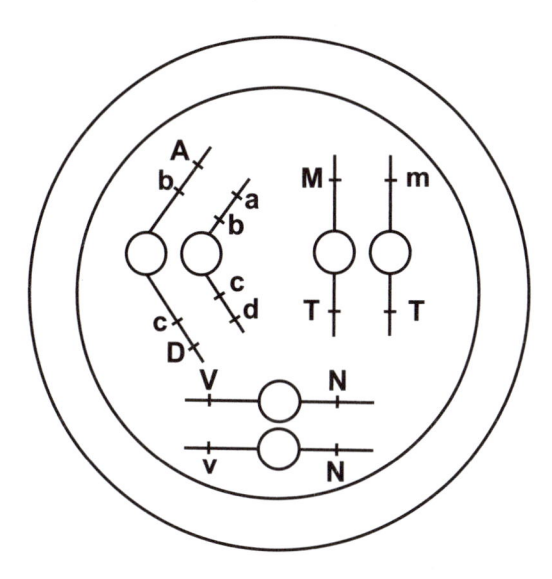

a) A célula é haploide ou diploide? Justifique sua resposta.

_____
_____
_____
_____
_____

b) Qual o número de cromossomos da célula?

c) Quais os genes em homozigose dominante?

d) Quais os genes em heterozigose?

e) Quais os genes em homozigose recessiva?

f) Esquematize dois diferentes gametas provenientes dessa célula.

2) Em ervilhas, o gene para superfície lisa da semente é dominante em relação ao gene para superfície rugosa. Do cruzamento de ervilhas com superfície rugosa com uma heterozigota para superfície lisa, qual a proporção genotípica e fenotípica esperada nos seus descendentes?

3) O albinismo, a ausência total de pigmento na pele, é devido a um gene recessivo. Um homem e uma mulher planejam se casar e desejam saber qual a probabilidade de terem um filho albino. O que você lhes diria se:

a) embora ambos tenham pigmentação normal, cada um tem um genitor albino;

b) o homem é albino, a mulher é normal, mas o pai dela é albino;

c) o homem é albino e na família da mulher não há albinos por muitas gerações.

4 Um touro sem chifres foi cruzado com três vacas. Com a vaca A, que tem chifres, produziu um descendente com chifres; com a vaca B, que também tem chifres, produziu um descendente sem chifres; com a vaca C, que não tem chifres, produziu um descendente com chifres. Dê os possíveis genótipos do touro e das vacas.

5 Identifique entre as características mencionadas abaixo aquela que não é hereditária.

a) cor dos cabelos

b) conformação dos olhos, nariz e boca

c) cor dos olhos

d) deformidade física acidental

e) hemofilia

6 Um casal normal não consegue ter filhos, pois a mulher possui útero infantil (útero atrofiado). Uma amiga portadora de uma doença hereditária se dispõe a desenvolver em seu útero o embrião do filho do casal, obtido por fecundação em laboratório. Há possibilidade de essa doença hereditária da amiga do casal ser transmitida à criança? Justifique.

7 Explique a frase "Nos animais o termo heterozigoto, referente a uma determinada característica genética, só se aplica aos indivíduos e não aos gametas".

_____

_____

_____

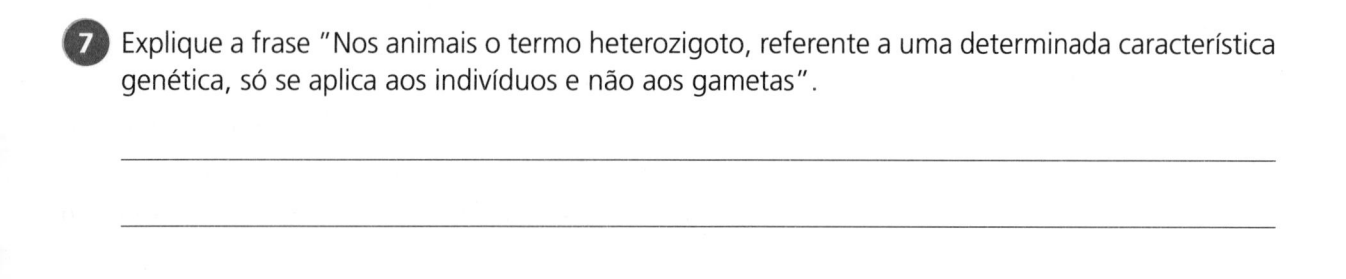

Noções de probabilidade

Para sabermos a chance de ocorrer um evento, é necessário o emprego de cálculos estatísticos, procedimento que Mendel já utilizara em suas pesquisas com ervilhas.

Se quisermos calcular a chance de sair o algarismo 6 para cima no lançamento de um dado normal, é importante lembrar que:

- O número de eventos desejados é 1 (face com o algarismo 6).
- O número de eventos possíveis é 6 (o dado tem seis algarismos).

$$P \text{ (probabilidade de um evento)} = \frac{\text{número de eventos desejados}}{\text{número de eventos possíveis}} = \frac{1}{6}$$

Outro exemplo: qual a probabilidade de escolhermos o sete de copas num baralho de 52 cartas?

- O número de eventos desejados é 1 (no baralho existem quatro cartas 7, uma de cada naipe e, portanto, só uma de copas).
- O número de eventos possíveis é 52 (um baralho tem 52 cartas).

$$P \text{ (probabilidade de um evento)} = \frac{\text{número de eventos desejados}}{\text{número de eventos possíveis}} = \frac{1}{52}$$

Um evento e outro evento – a regra do e

Quando queremos calcular a probabilidade de um acontecimento, basta dividir o número de eventos desejados pelo número de eventos possíveis.

Entretanto, podemos calcular a probabilidade de dois ou mais eventos simultâneos, isto é, que ocorrem ao mesmo tempo.

Para isso, basta **multiplicar** as probabilidades isoladas de cada evento, pois a ocorrência de um evento independe da ocorrência do outro.

Exemplo: Qual a probabilidade de tirar 4 jogando um dado normal e de sair "coroa" no lançamento de uma moeda?

Resolução: $P \text{ (4 no dado)} = \frac{1 \text{ (um algarismo 4)}}{6 \text{ (seis algarismos no dado)}}$

$P \text{ ("coroa" na moeda)} = \frac{1 \text{ (uma coroa)}}{2 \text{ (cara ou coroa na moeda)}}$

$P\left(\frac{4}{\text{dado}} \text{ e } \frac{\text{coroa}}{\text{moeda}}\right) = \frac{1}{6} \cdot \frac{1}{2} = \frac{1}{12}$

multiplicação

Importante

A probabilidade de um evento ocorrer não depende de já ter ocorrido uma ou mais vezes.

Imagine que um casal tenha duas filhas. A chance para o nascimento de menina ou menino é a mesma: ½ ou 50%. Não é porque o casal já teve duas meninas que o filho seguinte tem de ser menino. A probabilidade para os dois sexos é a mesma (50%), e o terceiro filho do casal pode ser outra menina.

Veja o caso a seguir, no qual um casal heterozigoto (Aa . Aa) pode ter filhos com os seguintes genótipos e proporções: AA (25%), Aa (50%) e aa (25%). Todavia, se o casal tiver 4 filhos, não serão, necessariamente, 1AA, 2Aa e 1aa. Os quatro poderiam ser AA e a probabilidade de isso acontecer seria:

$$P \text{ (um filho AA)} = 25\% \text{ ou } \frac{1}{4}$$

$$P \text{ (4 filhos AA)} = \underbrace{\frac{1}{4} \cdot \frac{1}{4} \cdot \frac{1}{4}}_{\text{(AA) e (AA) e (AA)}} \cdot \frac{1}{4} = \frac{1}{256}$$

Um evento ou outro evento – a regra do ou

Quando a ocorrência de um evento impede a ocorrência de outro evento, devemos somar as probabilidades isoladas de cada evento.

Exemplo: Qual a probabilidade de, ao jogarmos um dado, sair o número 1 ou o número 6?

Resolução: $P \text{ (sair 1)} = \frac{1}{6}$

$P \text{ (sair 6)} = \frac{1}{6}$

$P \text{ (sair 1 ou 6)} = \underbrace{\frac{1}{6} + \frac{1}{6}}_{\text{soma}} = \frac{2}{6} = \frac{1}{3}$

Como resolver os problemas de genética

- Sabendo que a miopia é uma característica autossômica determinada por um gene recessivo, qual a probabilidade de um casal normal heterozigoto ter uma criança normal homozigota ou uma criança míope?

Resolução:

$P \text{ (AA)} = \frac{1}{4}$

	P	p
P	PP	Pp
p	Pp	pp

$P \text{ (aa)} = \frac{1}{4}$

$P \text{ (AA ou aa)} = \frac{1}{4} + \frac{1}{4} = \frac{2}{4} = \frac{1}{2}$

- Num baralho de 52 cartas, qual é a probabilidade de tirarmos um 9 de qualquer naipe?

Resolução:

$$P(um\ 9) = \frac{1}{52}$$

Como são quatro noves, um de cada naipe...

$$P(9\ de\ qualquer\ naipe) = \frac{1}{52} + \frac{1}{52} + \frac{1}{52} + \frac{1}{52} = \frac{4}{52} = \frac{1}{13}$$

ou ou ou

- No mesmo baralho, qual é a probabilidade de tirarmos um 7 de ouro ou um 6 de paus?

Resolução:

$$P(7\ de\ ouro) = \frac{1}{52}$$

$$P(6\ de\ paus) = \frac{1}{52}$$

$$P(7\ de\ ouro\ ou\ 6\ de\ paus) = \frac{1}{52} + \frac{1}{52} = \frac{2}{52} = \frac{1}{26}$$

ATIVIDADES

1 A probabilidade de uma criança nascer do sexo masculino ou feminino é ½. Qual a probabilidade de um casal ter dois filhos do sexo masculino?

2 Se um casal tem três filhos do sexo masculino e um filho do sexo feminino, qual a probabilidade de o próximo filho ser do sexo feminino?

3 A galactossemia é causada por um gene recessivo. Os homozigotos não são capazes de usar a galactose, que, acumulada, provoca diarreia, vômitos, icterícia, desidratação, retardo no desenvolvimento da criança e até morte. Um casal heterozigoto deseja saber qual a probabilidade de ter um filho do sexo masculino com galactossemia ou um filho do sexo feminino normal heterozigoto.

4 Sabendo que miopia é uma característica autossômica recessiva, qual a probabilidade de um casal normal e heterozigoto ter uma criança normal homozigota ou heterozigota?

Heredogramas

Em genética, usamos uma representação gráfica para se conhecer uma família: a árvore genealógica. Também chamadas genealogias ou *pedigrees* (fala-se pedigrís), a árvore genealógica é um conjunto de símbolos usados para representar a transmissão de uma ou mais características ao longo de sucessivas gerações de uma mesma família.

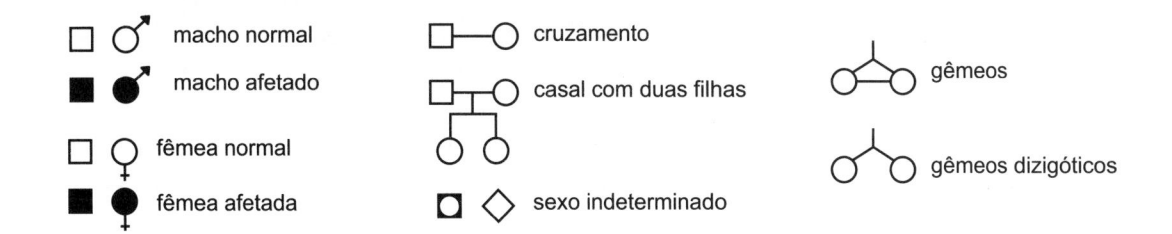

□ ♂ macho normal
■ ♂ macho afetado
□ ♀ fêmea normal
■ ● fêmea afetada

□—○ cruzamento
□┬○ casal com duas filhas
  ○ ○

□ ◇ sexo indeterminado

⊤
○⟨○ gêmeos

⊤
○⟨○ gêmeos dizigóticos

- 1, 2, 3, 4 etc. indicam a ordem dos nascimentos em cada geração.
- I, II, III etc. mostram cada uma das gerações.

Exemplo:

- Os indivíduos escuros são afetados pela miopia, uma característica recessiva.

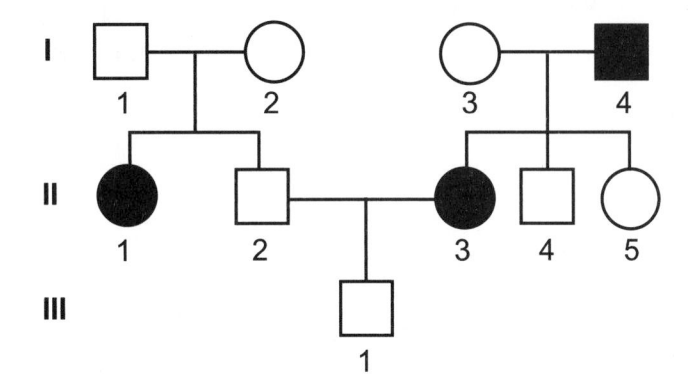

Sabemos que a miopia é um tipo de herança autossômica recessiva; portanto, os indivíduos escuros são aa.

Como os indivíduos I.1, I.2 e I.3 são de símbolos claros, têm genótipo dominante e são heterozigotos, pois têm filhos recessivos.

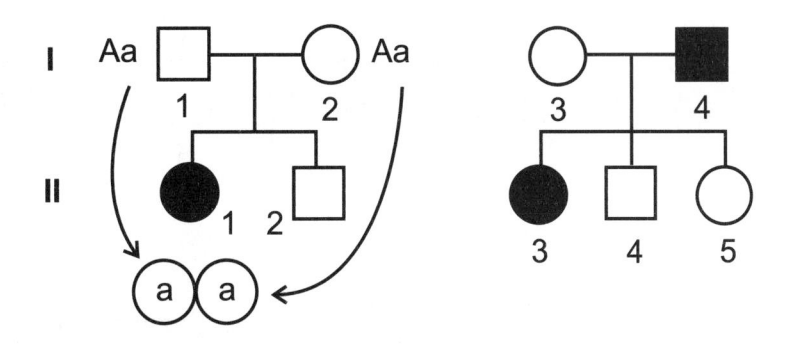

121

O indivíduo II.3 também recebeu um gene a da mãe (I.3) e outro do pai (I.4). Como será o genótipo de II.2?

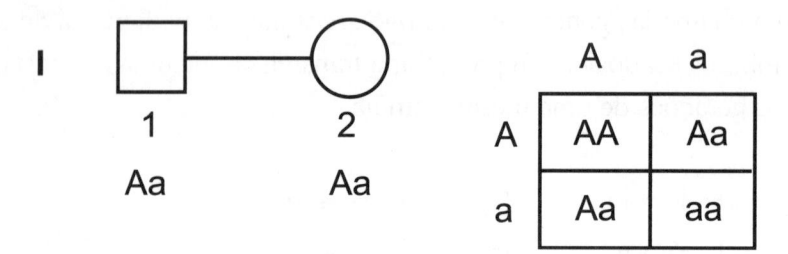

I
1   2
Aa Aa

	A	a
A	AA	Aa
a	Aa	aa

Como seu símbolo é claro, ele é dominante, homozigoto ou heterozigoto.

Os indivíduos II.4 e II.5 são dominantes (símbolos claros) e heterozigotos, pois receberam um gene a do pai (I.4). O mesmo com o indivíduo III.1, que recebeu um gene a da mãe (II.3).

O heredograma ficou assim:

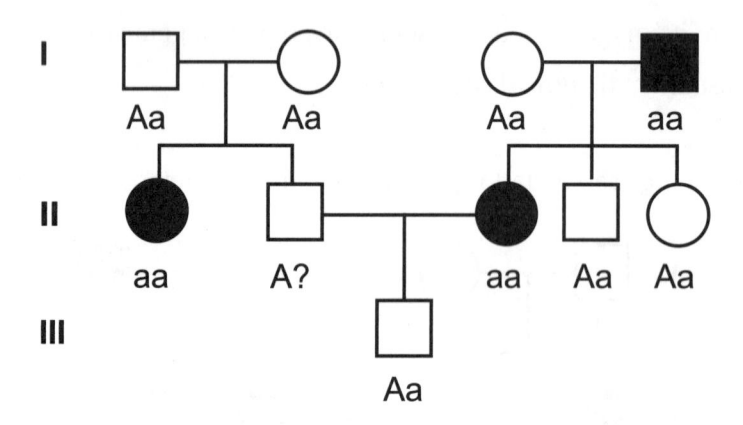

I
Aa   Aa   Aa   aa

II
aa   A?   aa   Aa   Aa

III
Aa

Como resolver os problemas de genética

- Na genealogia abaixo, as figuras cheias ou escuras mostram indivíduos albinos. O albinismo é uma característica autossômica recessiva.

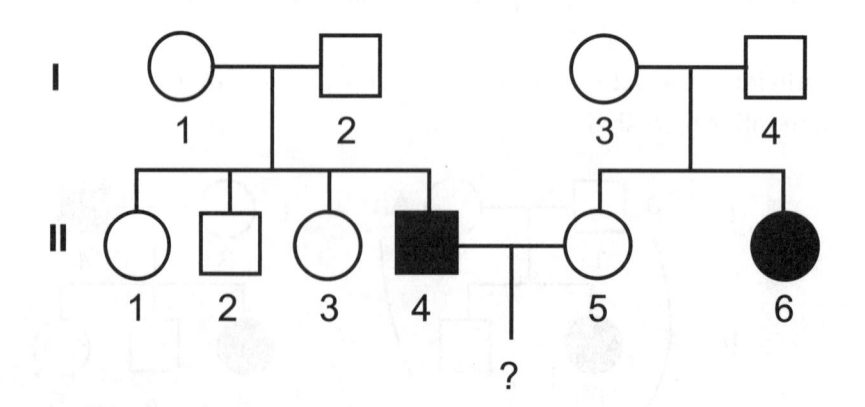

I
1   2   3   4

II
1   2   3   4   5   6
            ?

Admitindo que o casal II.4 × II.5 teve uma primeira criança albina, pergunta-se:
- Qual o genótipo do casal II.4 × II.5?
- Qual a probabilidade de esse casal ter outra criança albina?

- Qual a probabilidade da próxima criança ser normal e do sexo feminino?
- Se esse casal tivesse duas crianças albinas, o terceiro filho só poderia ser normal?

Resolução:

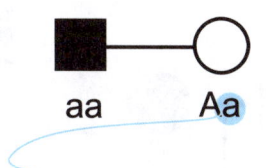

aa   Aa

A primeira criança albina define que um dos genes a veio da mãe normal e portadora.

aa × Aa

	P	P
P	PP	Pp
p	Pp	pp

Normal: 50 ou ½

$$\frac{1}{2} \cdot \frac{1}{2} = \frac{1}{4}$$

(e)

50% ou ½
- Sexo feminino: ½.
- Não, a cada nascimento, a chance de a criança ser albina continuaria a mesma, 50%.

ATIVIDADES

1 Monte um heredograma que corresponda à descrição da família abaixo:

Pai míope e mãe não míope, com três filhos, sendo dois gêmeos do sexo masculino e míopes e uma filha sem miopia.

123

2 Analise a seguinte genealogia e responda às questões:

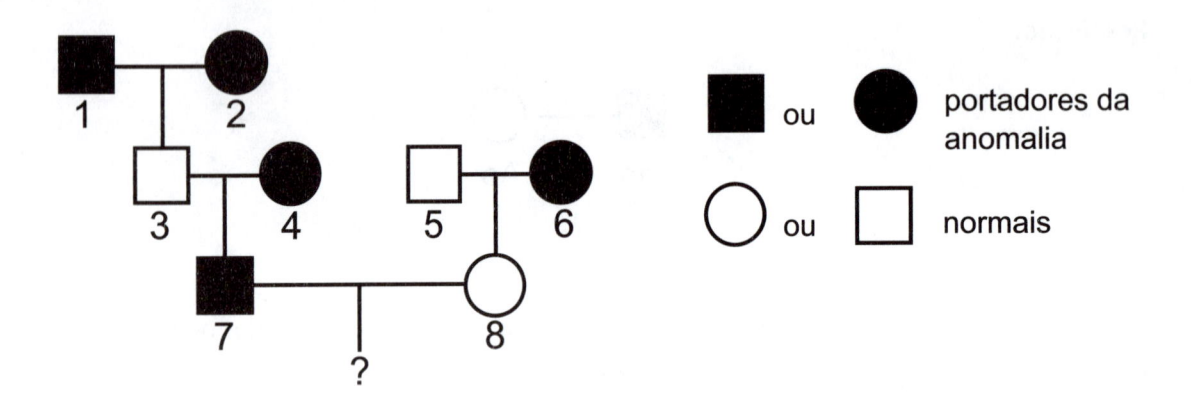

■ ou ● portadores da anomalia

○ ou □ normais

a) A anomalia é causada por um gene dominante ou recessivo? Justifique sua resposta.

b) Quais os indivíduos certamente são heterozigotos?

c) Quais os indivíduos que podem ser homozigotos dominantes?

3 No heredograma abaixo, algumas pessoas têm o lóbulo da orelha livre, enquanto outras têm o lóbulo aderente (preso à pele que reveste a parte posterior da mandíbula).

Observe o heredograma e faça o que se pede.

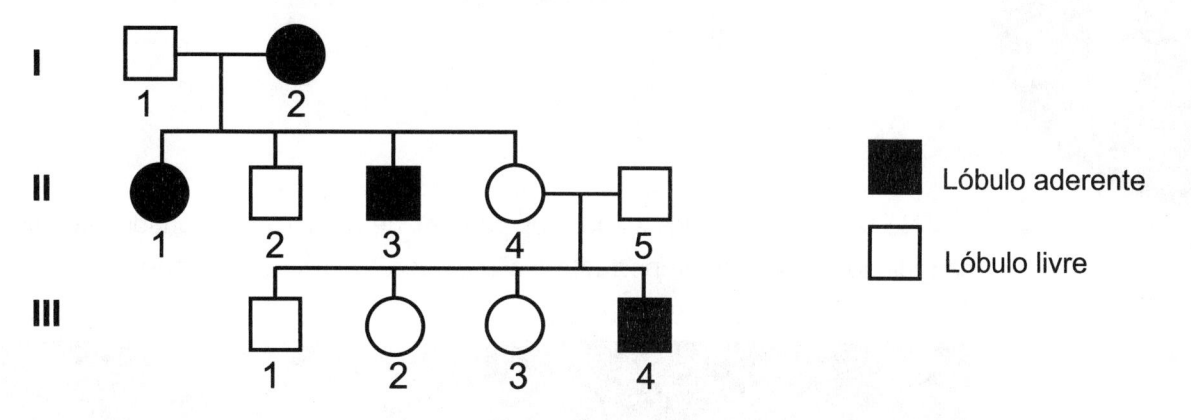

■ Lóbulo aderente
□ Lóbulo livre

- Dê os genótipos dos indivíduos I.1, II.2 e III.3.

_____

_____

_____

4 Na árvore genealógica abaixo, quais os indivíduos obrigatoriamente homozigotos?

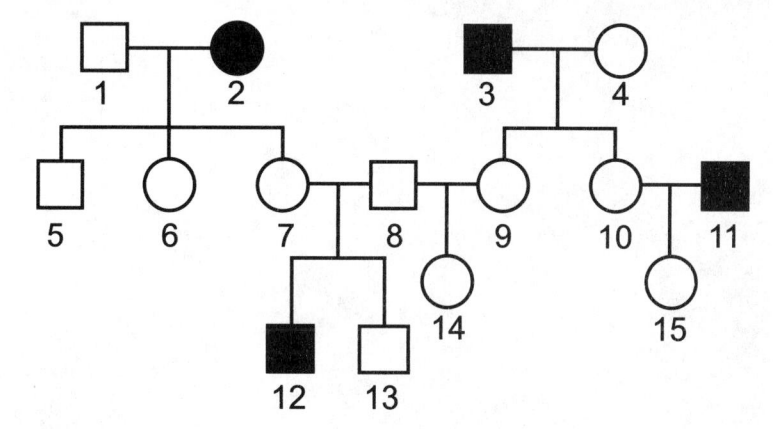

_____

_____

_____

_____

_____

125

Capítulo 11
HERANÇAS MENDELIANAS EM SERES HUMANOS

Neste capítulo vamos estudar os padrões de herança relacionados aos tipos sanguíneos e fator Rh, importantes características dos seres humanos.

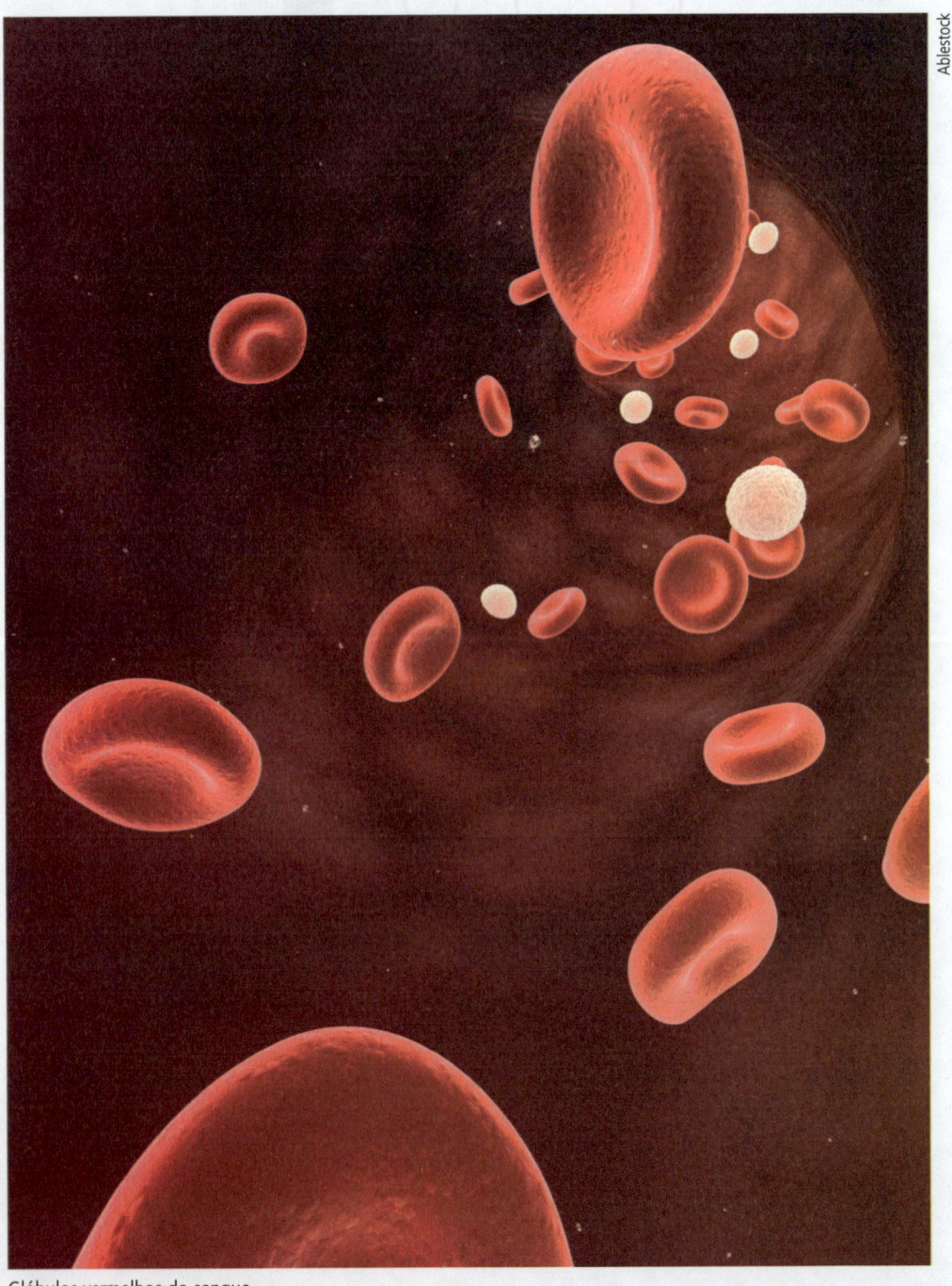

Glóbulos vermelhos do sangue.

Grupos sanguíneos do sistema ABO

Tais grupos sanguíneos são determinados por uma série de três alelos, cuja relação de dominância é:

- A = B que dominam O, ou $I^A = I^B$ que dominam o gene **i**, recessivo.

Grupos	Fenótipos	Genótipos
A	presença da proteína A	I^AI^A ou I^Ai
B	presença da proteína B	I^BI^B ou I^Bi
AB	presença das proteínas A e B	I^AI^B
O	ausência das proteínas A e B	ii

Os três alelos condicionam a existência de quatro grupos sanguíneos, cada um deles determinado pela presença de certas proteínas na membrana envoltória das nossas hemácias ou glóbulos vermelhos.

São seis as combinações diferentes para esses três genes alelos.

Reação antígeno × anticorpo

Moléculas estranhas, ou **antígenos**, que penetram no nosso organismo produzem outras moléculas que tentarão neutralizar as invasoras.

Essas moléculas de defesa, os **anticorpos**, são fabricadas por células especiais da nossa linha de defesa, como os linfócitos.

Grupos sanguíneos	Aglutinogênios (hemácias)	Aglutininas (plasma)	Genótipos
A	A	anti-B	I^AI^A ou I^Ai
B	B	anti-A	I^BI^B ou I^Bi
AB	A e B	ausentes	I^AI^B
O	ausentes	anti-A e anti-B	ii

Nos grupos sanguíneos, as proteínas na superfície das hemácias são os anticorpos ou **aglutinogênios**; os anticorpos do plasma são as **aglutininas**.

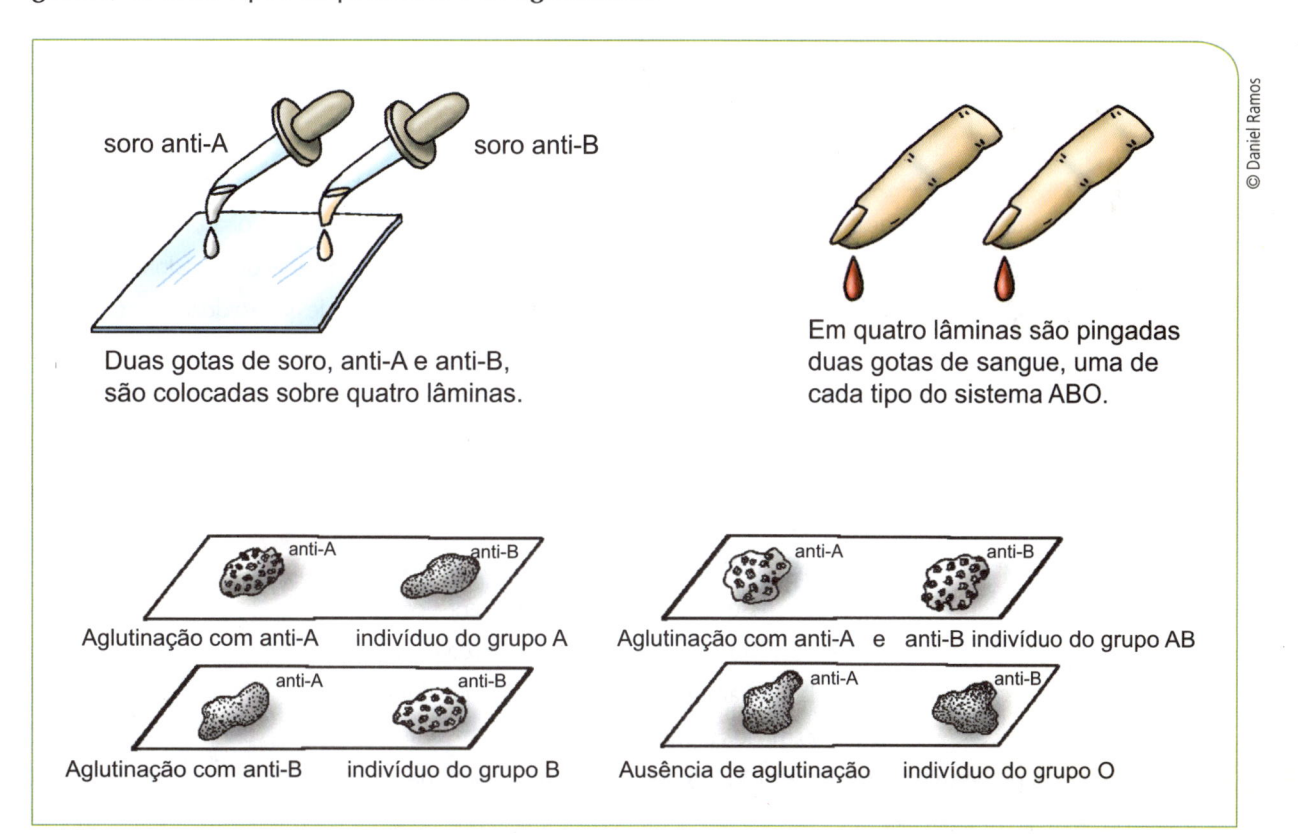

Tipagem dos grupos sanguíneos.

Transfusões de sangue

Em uma transfusão deve existir compatibilidade entre as hemácias do doador e o plasma do receptor.

Ocorre a reação de aglutinação quando os aglutinogênios das hemácias do doador são atacados ou aglutinados pelas aglutininas do plasma do receptor. Isso leva à formação de aglomerados de hemácias do doador, os quais acabam obstruindo os vasos sanguíneos.

Se uma pessoa do grupo B doar sangue para outra do grupo A, as aglutininas anti-B vão atacar as hemácias B em seus próprios vasos sanguíneos; essa, portanto, é uma doação incompatível.

O quadro abaixo mostra as possibilidades das doações:

		Receptores			
		A	B	AB	O
Doadores	A	SIM	não	SIM	não
	B	não	SIM	SIM	não
	AB	não	não	SIM	não
	O	SIM	SIM	SIM	SIM

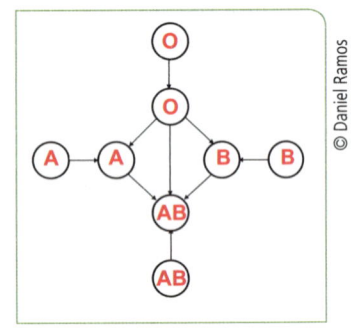

Transfusões sanguíneas.

Como as pessoas do grupo O não possuem aglutinogênios nas hemácias, elas podem doar sangue para pessoas de qualquer grupo, daí serem chamadas de doadores universais. As pessoas do grupo AB, por sua vez, não possuem aglutininas no plasma, por isso podem receber sangue de pessoas de qualquer grupo – são os receptores universais.

Você sabia?

Salve Vidas
Doe sangue

Para doar sangue é preciso ter entre 18 e 65 anos, pesar acima de 50 kg e estar com boas condições de saúde. "O ideal é não estar em jejum", explicou o médico hematologista do Colsan, Paulo Roberto Bortolotti. "De uma maneira geral, a pessoa tem que ter boa saúde para ser um doadora".

Os homens podem doar a cada dois meses, com um limite máximo de quatro doações no ano. Já as mulheres podem doar a cada três, com um limite de três vezes ao ano.

Antes de doar, o paciente passa por uma sessão de exames para analisar a saúde física dele. O doador faz exames para detectar se ele possui hepatite, HIV, sífilis, doença de Chagas e HTLV. Assim o paciente que receber a transfusão de sangue não corre o risco de ser contaminadas com essas doenças. "Na triagem também é feito um exame laboratorial para ver o índice de anemia", contou o médico.

"Depois da triagem, é feita uma entrevista clínica com vários questionamentos sobre os antecedentes pessoais. Deve avaliar se a pessoa passou por cirurgia recente, como é sua vida sexual e analisar se a pessoa usa algum tipo de droga." Se a pessoa passar por todos os exames e pela entrevista, ela é encaminhada para a doação, que dura em média 15 minutos e são retirados 500 ml de sangue.

Após a doação, o paciente fica em observação, porque pode haver queda de pressão ou sensação de desmaio.

Doar 450 mililitros de sangue demora apenas 20 minutos. Doe sangue! Você deve ter 18 anos ou mais e ter acima de 50 quilos. É um ato de cidadania.

Teste de paternidade

Os testes referentes à compatibilidade sanguínea são muito usados para descobrir eventuais trocas de bebês nas maternidades.

Quanto à paternidade, é bom lembrar que os testes com grupos sanguíneos são **excludentes** e não conclusivos, isto é, podemos afirmar quem não é o pai da criança, mas não podemos concluir, com tanta certeza, quem é o pai.

Além de outros testes sanguíneos, é definitivo para comprovar a paternidade o teste de DNA.

Como resolver os problemas de genética

Um homem, em cujo sangue existem aglutininas anti-A e anti-B, casa-se com uma mulher em cujo sangue encontra-se aglutinogênio A. Quais os grupos sanguíneos que os filhos poderão ter?

Resolução: homem (grupo O) ii × mulher (grupo A) I^A

- Se a mulher for homozigota:

    $ii \times I^A I^A$

	I^A
i	$I^A i$

    100% grupo A

    Se a mulher for heterozigota:

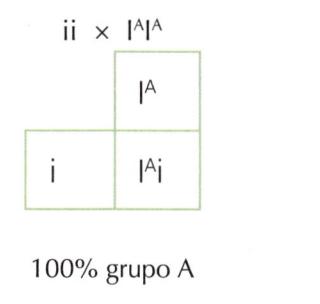

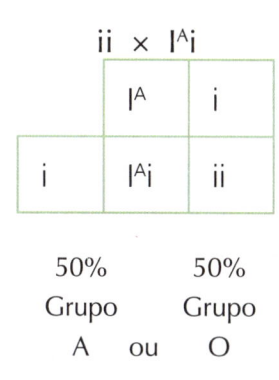

    $ii \times I^A i$

	I^A	i
i	$I^A i$	ii

    50%   50%
    Grupo   Grupo
    A   ou   O

- Uma mulher do tipo sanguíneo B casa-se com um homem do tipo sanguíneo A, e um de seus dois filhos é do tipo sanguíneo O. Qual a probabilidade de o próximo filho ser uma menina e do grupo sanguíneo AB?

Mulher $I^B i$ × Marido $I^A i$
1º filho: ?
2º filho: ii (grupo O)

$I^B i \times I^A i$
I^A i

	I^B	i
I^A	$I^A I^B$	$I^A i$
i	$I^B i$	ii

25% ou ¼ × ½ (PM) = $\left(\dfrac{1}{8}\right)$

129

- Observe a genealogia a seguir:

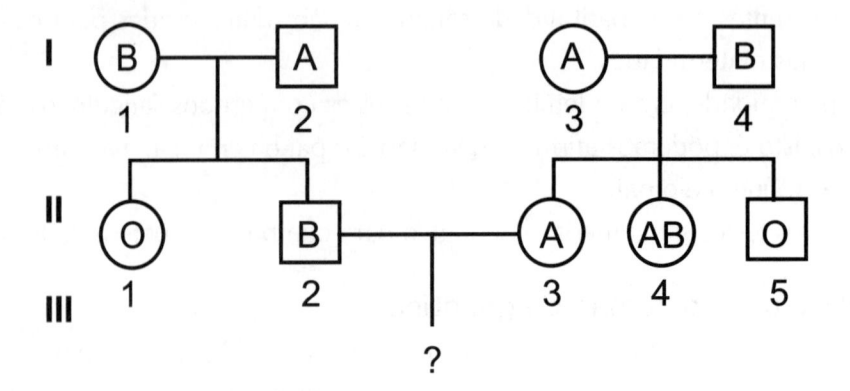

```
I    (B)──┬──[A]         (A)──┬──[B]
      1      2             3      4

II       (O)    [B]────────(A)  (AB)  [O]
III       1      2          3    4     5
                       │
                       ?
```

Quais os genótipos de todos os indivíduos?

I- 1 I^B, 2I^Ai, 3 I^Ai, 4 I^Bi

II- 1 ii, 2I^Bi, 3I^Ai, 4I^AI^B, 5ii

Resolução:

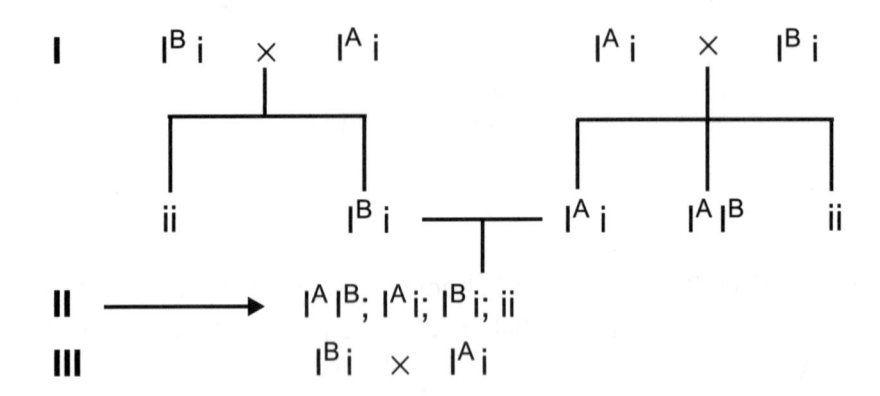

I I^Bi × I^Ai I^Ai × I^Bi

   ii I^Bi ──── I^Ai I^AI^B ii

II ⟶ I^AI^B; I^Ai; I^Bi; ii

III I^Bi × I^Ai

Qual a probabilidade de o casal II.2 × II.3 ter uma criança do grupo sanguíneo AB e do sexo masculino?

	I^B	i
I^A	I^AI^B	I^Ai
i	I^Bi	ii

P(AB) ¼ · **P**(menino) ½ = ⅛

ATIVIDADES

1) Ao descobrir que seu genótipo era homozigoto, o sr. Souza (indivíduo **II-1**) elaborou o seguinte heredograma sobre a herança de grupos sanguíneos do sistema ABO.

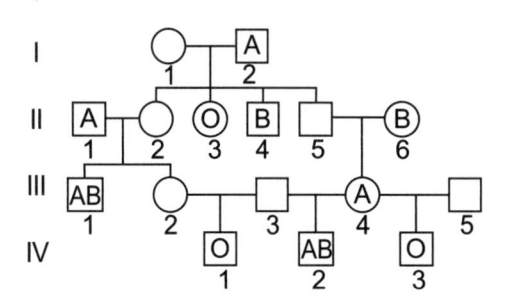

a) Identifique o grupo sanguíneo do indivíduo **I-1**:

b) Qual o genótipo do indivíduo **II-6**?

c) O sr. Souza poderá ser receptor de sangue de seu genro para transfusão? Justifique.

d) O indivíduo **III-5** NÃO poderá ser de qual grupo sanguíneo? Justifique.

e) No caso do casal **III-3** e **III-4** ter uma segunda criança, qual é a probabilidade de ela ser uma menina e do grupo sanguíneo "**B**"?

2) O pai e a mãe de um par de gêmeos monozigóticos têm tipo sanguíneo A. Uma outra criança desse casal é do grupo sanguíneo O.

a) Quais os genótipos do pai e da mãe?

131

b) Qual é a probabilidade de que ambos os gêmeos tenham sangue do tipo O?

3) Flávio, que pertence ao grupo sanguíneo A, casa-se com Carla, que é do grupo B. O primeiro filho desse casal apresenta o grupo sanguíneo O. Qual a probabilidade de o próximo filho ser do sexo feminino e do grupo AB?

4 Na genealogia abaixo, o filho do casal 5 × 6 necessita receber transfusão sanguínea. Qual o seu grupo sanguíneo? Qual o genótipo dele e quais os indivíduos que poderão ser doadores?

```
  1      2        3       4
 [A]────(B)     [AB]────(AB)
      │              │
     [O]──────────(B)
      5            6
           │
          [ ]
```

5 Por que o grupo sanguíneo O é considerado doador universal?

6 Uma moça com aglutinogênios B no sangue casou-se com um rapaz com aglutininas anti-A e anti-B no plasma. Quais os possíveis filhos do casal?

7 Por que uma pessoa não pode ter aglutininas e aglutinogênios do mesmo tipo?

133

8 (Vunesp) Um casal tem cinco filhos: Alex, Pedro, Mário, Érica e Ana. Dois dos irmãos são gêmeos univitelinos. Érica, um dos gêmeos, sofreu um acidente e precisa urgentemente de uma transfusão de sangue, e os únicos doadores disponíveis são seus irmãos. Na impossibilidade de se fazer um exame dos tipos sanguíneos, responda:

a) Entre seus irmãos, qual seria a pessoa mais indicada para ser o doador?

b) Justifique sua resposta.

9 (Fuvest-SP) Dois casais desconfiavam da troca de seus bebês no berçário de um hospital. Os casais e os bebês foram submetidos à tipagem do sangue quanto ao sistema ABO. Os resultados obtidos foram os seguintes:
- ▶ bebê nº 1: *O*;
- • sra. Lucchesi: *B*;
- • sra. Hart: *B*;
- ▶ bebê nº 2: *A*;
- • sr. Lucchesi: *AB*;
- • sr. Hart: *B*.

a) Explique como foi possível resolver a troca dos bebês.

10 (FATEC/SP) Analise a genealogia que indica os grupos sanguíneos de alguns indivíduos:

Podemos afirmar que o indivíduo:

a) 1 pode doar sangue para o 3.

b) 4 pode ser do grupo sanguíneo O.

c) 4 pode receber sangue do 5

d) 3 pode doar sangue para o 6.

e) 5 pode doar sangue para os indivíduos 3 e 4.

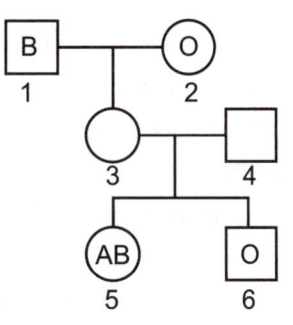

___

Herança do fator Rh

Vários casos bem estudados de herança genética em seres humanos envolvem a transmissão de características sanguíneas. Um exemplo é a transmissão do chamado fator Rh.

Na década de 1930, o médico pesquisador austríaco Karl Landsteiner (1868-1943) e o seu colega estadunidense Alexander S. Wiener (1907-1976) descobriram o sistema Rh enquanto pesquisavam o sangue de uma espécie asiática de primata, o macaco Rhesus (*Macaca mulatta*).

Ele e Wiener injetaram uma amostra de sangue do pequeno macaco Rhesus num coelho e, após alguns dias, do sangue do coelho obtiveram anticorpos anti-Rh.

Esses anticorpos foram inoculados no Rhesus e em humanos, aglutinando as hemácias do macaco e da maior parte das pessoas.

Pessoas que têm as hemácias aglutinadas, porque seus glóbulos vermelhos possuem o fator Rh, são chamadas Rh positivas (Rh$^+$). Aquelas que não possuem o fator Rh não sofrem aglutinação de suas hemácias, e são chamadas, portanto, de Rh negativas (Rh$^-$).

A presença do fator Rh nas hemácias pode ser estudada como herança mendeliana, caráter dominante condicionado por um par de genes autossômicos.

Fenótipos	Genótipos
Rh+	RR ou DD
	Rr ou Dd
Rh-	rr ou dd

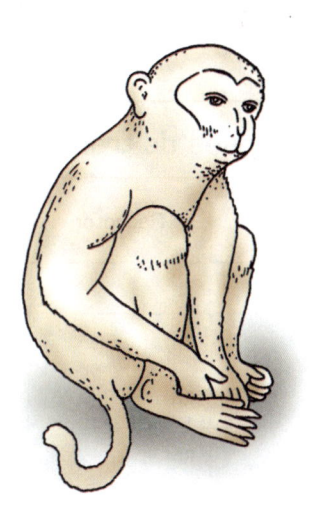

O macaco asiático Rhesus, 40 cm de altura.

> **Você sabia?**

A eritroblastose fetal

No caso de incompatibilidade do fator Rh entre o sangue da mãe e o sangue do feto, a criança pode ter hemácias destruídas por anticorpos maternos e sofrer anemia. É a eritroblastose fetal ou doença hemolítica do recém-nascido (DHRN).

Ocorre aglutinação das hemácias do feto e produção de grumos, que acabam entupindo seus vasos sanguíneos, restando, apenas, a substituição do sangue fetal Rh⁺ por Rh⁻, numa transfusão ainda dentro do útero ou logo após o nascimento.

A hemólise ou destruição de hemácias fetais provoca aumento da bilirrubina, responsável pela icterícia (pele amarelada). O excesso de bilirrubina pode ser combatido pela exposição do recém-nascido à luz.

Em condições normais de gestação, o sangue da mãe e o sangue do feto não se misturam. Entretanto, durante o parto, o sangue da criança pode entrar em contato com o sangue materno.

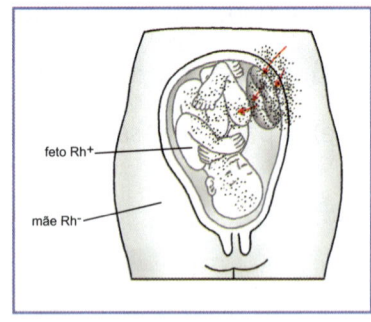

Anticorpos anti-Rh produzidos pela mãe sensibilizada atravessam a placenta e destroem as hemácias do segundo filho Rh⁺.

A eritroblastose fetal só ocorre quando a mãe é Rh⁻, o pai Rh⁺ e o feto Rh⁺.

Como ocorre o problema

As hemácias de um primeiro filho Rh⁺ sensibilizam a mãe Rh⁻, que leva um certo tempo para produzir anticorpos anti-Rh, permitindo que esse primeiro filho Rh⁺ saia ileso.

Se essa mulher tiver um segundo filho Rh⁺, seus anticorpos anti-Rh atravessarão a placenta e destruirão as hemácias do feto.

Antes da primeira gestação, a mulher pode sofrer uma transfusão e receber sangue Rh⁺ por engano. Ela ficará sensibilizada e o primeiro filho, também Rh⁺, sofrerá de eritroblastose fetal.

Prevenção da eritroblastose fetal

Se uma mulher Rh⁻ ainda não apresentar anticorpos anti-Rh logo após o parto do seu primeiro filho Rh⁺, é interessante aplicar-lhe uma injeção com alguma quantidade de anti-Rh, para destruir as hemácias Rh⁺ do feto que alcançarem o seu sangue, antes que elas a sensibilizem.

Como os anticorpos aplicados não são próprios, fatalmente o organismo da mãe irá destruir totalmente o que restar no seu corpo.

Possibilidades de transfusão

Doador	Receptor	Aglutinação
Rh⁻	Rh⁻	não ocorre
Rh⁻	Rh⁺	não ocorre
Rh⁺	Rh⁺	não ocorre
Rh⁺	Rh⁻	não ocorre na primeira transfusão e o receptor produz anticorpos
Rh⁺	Rh⁻ com anti-Rh	não ocorre e há destruição das hemácias do doador nos vasos do receptor

Como resolver os problemas de genética

- Um casal, em que o homem é ABRh⁻ e a mulher é ORh⁺ heterozigota, tem uma criança. Qual a probabilidade de ela ser do grupo A e Rh⁻?

    Resolução:

    $I^A I^B$ rr × ii Rr

	I^A	I^B
i	I^Ai	I^Bi

    50% ou ½

	R	r
r	Rr	rr

    50% ou ½

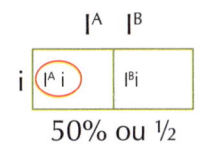

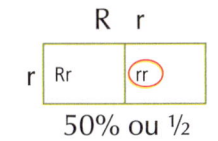

- Explique por que o primeiro filho de um casal pode ter eritroblastose fetal.

    Resolução:

    O pai é Rh⁺ e a mãe Rh⁻ já deve ter recebido transfusão de sangue Rh⁺, sendo, desse modo, sensibilizada a produzir anticorpos anti-Rh, que atacaram as hemácias já do primeiro filho.

ATIVIDADES

11 Responda:

a) Qual a probabilidade de um casal heterozigoto para o fator Rh ter filhos Rh⁻?

b) Qual a probabilidade desse mesmo casal ter um filho Rh⁺ e do sexo masculino?

12 Uma mulher Rh⁻ pode ter o primeiro filho Rh⁺ com eritroblastose fetal?

13 O que são aglutininas?

_____

_____

_____

_____

_____

14 No esquema abaixo está a representação do sangue de quatro mulheres, testados com o soro anti-Rh. Quais são Rh$^+$ e quais são Rh$^-$?

mulher 1	mulher 2	mulher 3	mulher 4
não aglutina	aglutina	aglutina	não aglutina

_____

_____

_____

_____

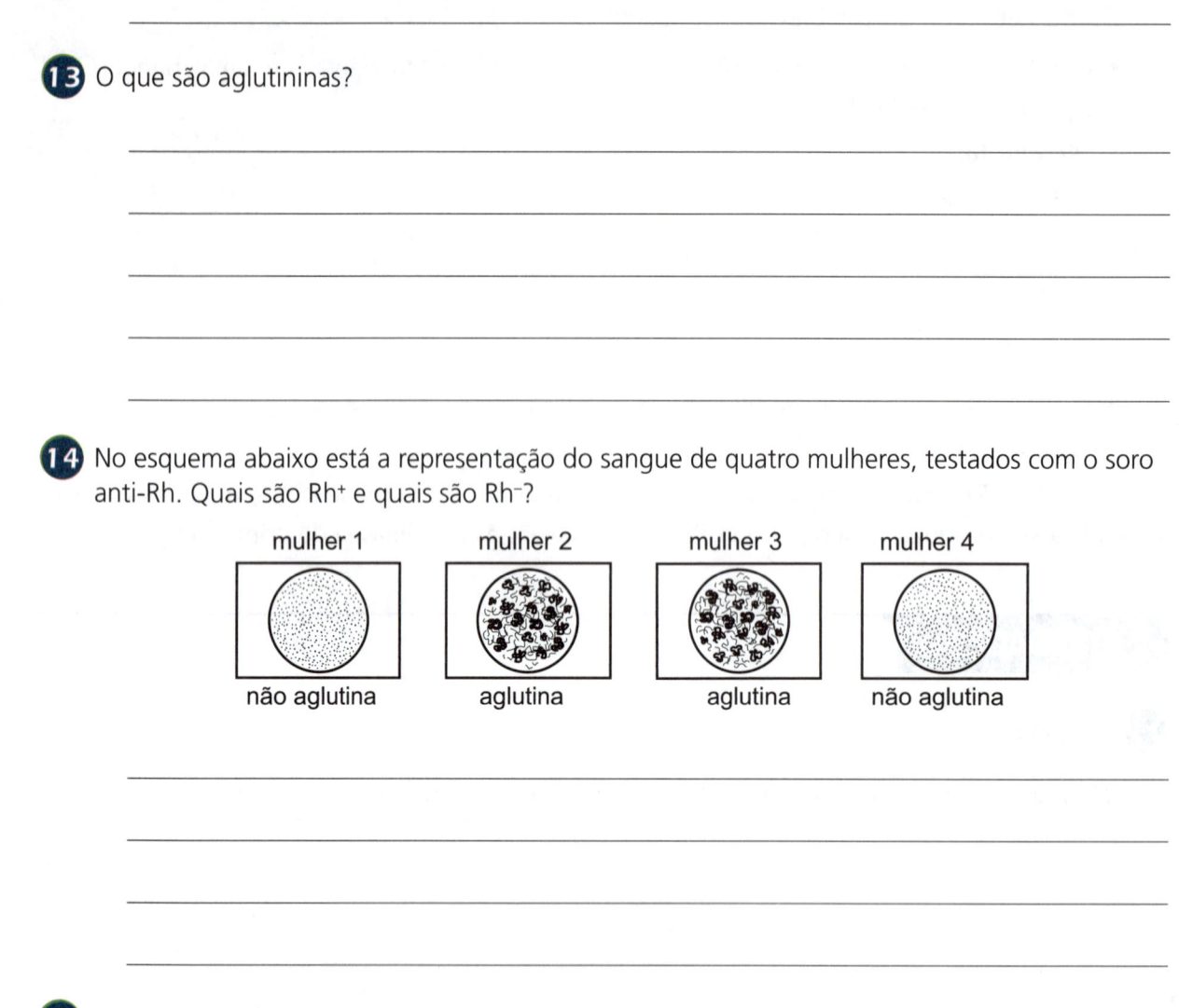

15 Observe a genealogia abaixo e responda:

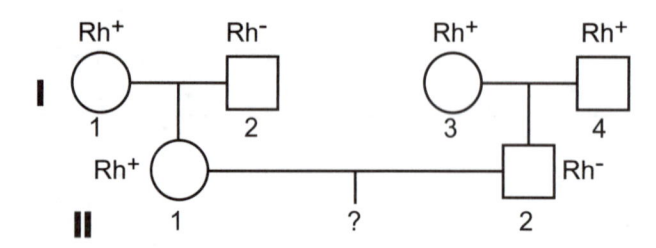

I: Rh$^+$ ○1 — □2 Rh$^-$ Rh$^+$ ○3 — □4 Rh$^+$

II: Rh$^+$ ○1 — ? — □2 Rh$^-$

a) Qual a probabilidade de o casal II.1 × II.2 ter um filho Rh$^-$ e do sexo masculino?

Capítulo 2
OUTROS PADRÕES DE HERANÇA

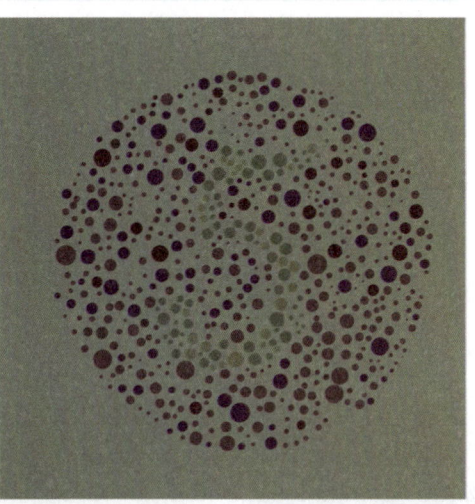

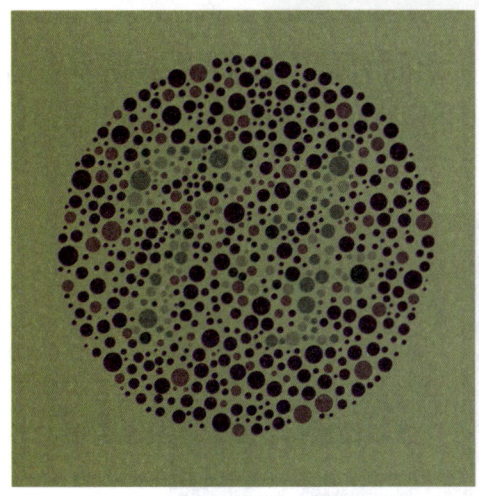

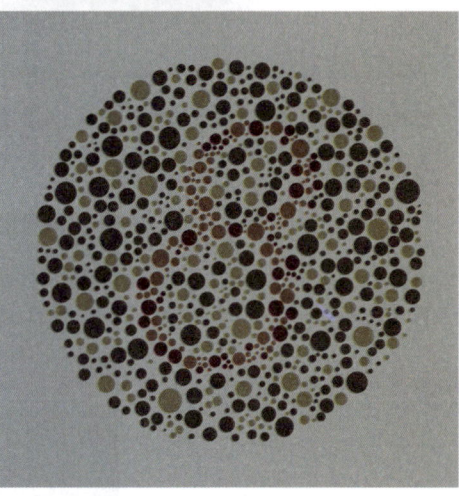

Ilustrações: © Daniel Ramos

Você conseguiu enxergar os números nas imagens acima?

Você sabia que nem todas as pessoas conseguem ver todas as cores. Essa característica é chamada de daltonismo e transmitida apenas pela mãe aos filhos. Além do daltonismo existem outras características que são relacionadas aos cromossomos sexuais, ou seja, a herança só é transmitida por um dos progenitores.

Para compreender melhor o assunto vamos estudar os cromossomos sexuais.

Sistema XY

Mamíferos machos, incluindo o homem, e alguns insetos, como moscas e mosquitos, têm o sexo heterogamético (que produz gametas diferentes) e são eles que determinam o sexo da prole, independente do número de cromossomos. A fêmea é homogamética. Isso quer dizer que os machos possuem dois cromossomos sexuais diferentes, XY e as fêmeas possuem cromossomos sexuais iguais, XX.

Veja o esquema abaixo.

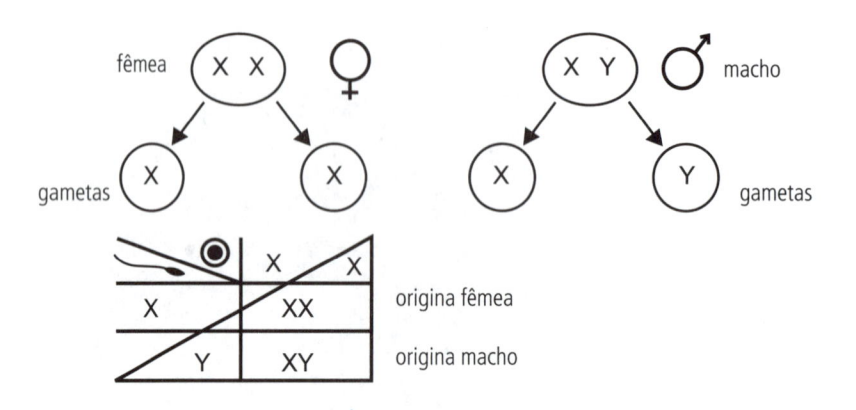

Enquanto 100% dos gametas da fêmea são **X**, 50% dos gametas do macho são **X** e os outros 50% são **Y**.

No caso da espécie humana, que apresenta 23 pares de cromossomos, há 22 deles ligados às características somáticas do corpo e 1 par ligado às características sexuais.

Veja abaixo a imagem do conjunto de cromossomos masculinos e femininos da espécie humana.

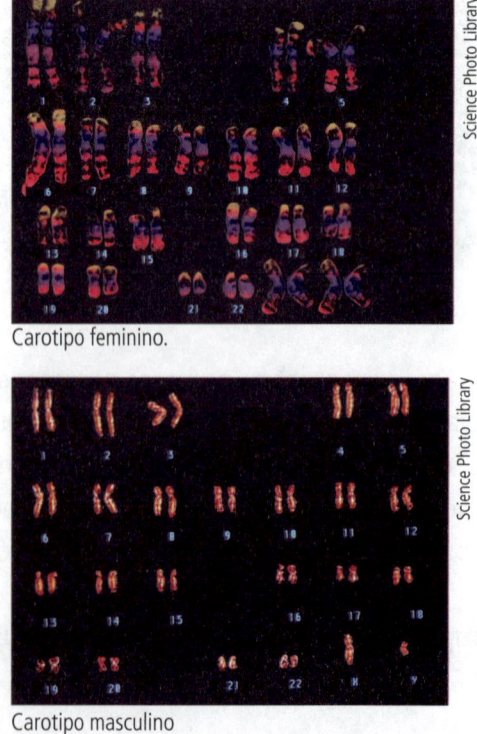

Carotipo feminino.

Carotipo masculino

Anomalias ligadas ao sexo

Duas dessas doenças são o **daltonismo** e a **hemofilia**, relacionadas ao cromossomo X. Portanto são transmitidas à criança do sexo masculino pela mãe, uma vez que o pai só tem um cromossomo X e envia para o filho homem o cromossomo Y.

O homem possui um único X e, por isso, apresenta só um gene para cada característica, passando-o para as crianças apenas do sexo feminino.

Cromossomos não sexuais, como vimos, são chamados **autossomos (A)**.

Daltonismo

Causado por um gene recessivo (X^d), que impede a distinção das cores verde e vermelha, percebidas pelos daltônicos como variações de cinza, azul ou amarelo.

O daltonismo ocorre pela falta de **cones**, células da retina sensíveis ao verde-vermelho, afetando 8% dos homens e cerca de 0,7% das mulheres.

Genótipos	Fenótipos
$X^D X^D$	Mulher normal
$X^D X^d$	Mulher normal portadora
$X^d X^d$	Mulher daltônica
$X^D Y$	Homem normal
$X^d Y$	Homem daltônico

Hemofilia

Causada por um gene recessivo (X^h), que provoca dificuldades de coagulação sanguínea, pela ausência de fatores que participam do mecanismo de coagulação ou pela malformação de tais substâncias.

Genótipos	Fenótipos
$X^H X^H$	Mulher normal
$X^H X^h$	Mulher normal portadora
$X^h X^h$	Mulher hemofílica
$X^D Y$	Homem normal
$X^h Y$	Homem hemofílico

Os filhos homens de um indivíduo afetado por um caráter recessivo ligado ao cromossomo X são normais; entretanto, as suas filhas são portadoras se a mãe delas for normal.

O pai passa o gene para as filhas, uma vez que para os filhos o homem manda o Y.

Se os filhos homens forem afetados, é porque receberam o gene recessivo da mãe.

Um em cada 10.000 homens é hemofílico, enquanto uma em cada 100.000.000 de mulheres apresenta a anomalia.

Na adolescência, a mulher hemofílica podia morrer em virtude dos sangramentos menstruais. As pessoas hemofílicas recebem, periodicamente, os fatores que não possuem, obtidos do plasma de pessoas normais. Por esse motivo, o sangue e os hemoderivados devem ser analisados constantemente, para que as pessoas não adquiram doenças com o sangue contaminado (hepatite, Aids etc.).

> **Você sabia?**

John Dalton herói da ciência

A morte da princesa Diana levou um milhão de pessoas às ruas de Londres em 1997. Três anos antes, Ayrton Senna sofreu um acidente fatal e cerca de 100 mil pessoas foram ao salão nobre da Assembleia Legislativa de São Paulo para se despedir do piloto. Em 1977, 80 mil pessoas passaram pela residência de Elvis Presley durante o seu velório.

Se esses números impressionam, imagine 40 mil pessoas na prefeitura de Manchester, na Inglaterra, para o velório do químico e físico John Dalton. Imagine agora que esse velório aconteceu em 1844, muitos anos antes da existência da internet, da televisão e até mesmo do rádio. Por aí podemos ter uma ideia da importância de Dalton, responsável pela elaboração da moderna teoria atômica e considerado um herói da ciência britânica.

Brilhantismo precoce

John Dalton nasceu em setembro de 1766 numa pequena aldeia chamada Eaglesfield, no condado de Cumberland, na Inglaterra.

Aos doze anos, quando cursava a escola local, substituiu seu professor, John Fletcher, que estava se aposentando. Sua precoce e extraordinária capacidade de ensinar chamou a atenção de um parente abastado que o encorajou a seguir o caminho das ciências.

Com apenas quinze anos, Dalton mudou-se para Kendall e tornou-se professor de um internato por doze anos. Nessa época, teve a oportunidade de estudar matemática e ciências naturais com o filósofo John Gough. Sob sua influência, Dalton começou a escrever um diário – que duraria até a sua morte – sobre as condições climáticas. Entre as pesquisas sobre fenômenos atmosféricos está um interessante trabalho sobre a aurora boreal.

Graças a Dalton, a meteorologia, considerada até então uma arte imprecisa, quase folclore, tornou-se uma ciência legítima.

Daltonismo

Em 1793, Dalton foi convidado para ocupar um cargo de professor na universidade New College em Manchester. Mudou-se para a cidade e associou-se à Sociedade Filosófica e Literária de Manchester. Descobriu, ali, um ambiente propício para o desenvolvimento de suas pesquisas.

No ano seguinte, publicou o primeiro estudo sólido sobre a incapacidade de distinguir cores, mal que ele e seu irmão sofriam. Ainda jovem, o cientista já havia percebido que tinha uma espécie de cegueira para algumas cores e decidiu pesquisar mais sobre o fenômeno.

Dalton estudou a incapacidade de distinguir cores e descobriu que o mais comum era a impossibilidade de diferenciar o verde e o vermelho. Tal anomalia passou a ser chamada daltonismo.

O daltonismo também é conhecido como discromatopsia ou discromopsia. A incapacidade de

distinguir cores, inclusive o verde, o vermelho e o amarelo, prejudica bastante motoristas, daí a importância de detectar o problema o quanto antes. [...]

Fonte: Camila Welikson. Disponível em: < http://web.ccead.puc-rio.br/condigital/mvsl/linha%20tempo/John_Dalton/pdf_LT/LT_john_dalton.pdf>. Acesso em: jun.2012.

Como resolver os problemas de genética

- O daltonismo é uma característica recessiva ligada ao cromossomo X. Um casal normal para o daltonismo teve dois filhos, um normal para essa anomalia e outro daltônico. Qual a probabilidade de a próxima criança ser daltônica e do sexo masculino?

Resolução:

Pais normais $X^D Y \times X^D X^d$

	X^D	Y
X^D	$X^D X^D$	$X^D Y$
X^d	$X^D X^d$	$X^d Y$

25%

- A hemofilia, como o daltonismo, é uma característica recessiva ligada ao cromossomo X. Quais os genótipos dos possíveis filhos de um casal, no qual o homem é hemofílico e a mulher normal heterozigota?

Resolução:

Homem $X^h Y \times X^H X^h$ mulher

	X^h	Y
X^H	$X^H X^h$	$X^H Y$
X^d	$X^h X^h$	$X^h Y$

ATIVIDADES

1 (UFAL) João casa-se com Maria, sua prima. Considerando o parentesco entre ambos, resolvem fazer um aconselhamento genético e descobrem que, apesar de saudáveis, João e Maria possuem alelos recessivos para a doença X, que em Maria ocorre em heterozigose. Considerando que tal doença é condicionada por um gene que age como dominante no homem e como recessivo na mulher, é correto afirmar que João e Maria:

a) Se tiverem filhos homens, todos terão a doença.

b) Se tiverem filhas, nenhuma terá a doença.

c) Se tiverem filhos homens, possuem 25% de chance de nascerem com a doença.

d) Se tiverem filhas, possuem 75% de chance de nascerem com a doença.

e) Independentemente do sexo, todos os filhos terão a doença.

2 Um homem normal para uma característica recessiva ligada ao cromossomo X casa-se com uma mulher heterozigota. Quais filhos do casal recebem o gene recessivo da mulher?

3 Quando fica determinado o sexo genético de um indivíduo?

4 Um homem daltônico, casado com uma mulher de visão normal e homozigota, pode ter filhas (sexo feminino) daltônicas?

5 Responda em relação à espécie humana:

a) Numa célula do corpo de um homem ou célula somática, quantos cromossomos autossômicos existem?

b) Na mesma célula, quantos cromossomos sexuais podemos encontrar?

c) Quantos cromossomos encontraremos nos espermatozoides dessa pessoa?

6 (UFPA) Um homem normal, casado com uma mulher normal, teve um descendente hemofílico. Quanto ao referido descendente, pode-se dizer que:

a) era homozigoto.

b) era heterozigoto.

c) era uma menina.

d) transmitirá o gene da hemofilia para as suas filhas.

e) transmitirá o gene da hemofilia para os seus filhos e filhas.

7 (FUVEST/SP) O daltonismo é de herança recessiva ligada ao X. Uma mulher de visão normal, cujo pai é daltônico, casou-se com um homem de visão normal. A probabilidade de crianças daltônicas na prole dessa mulher é de:

a) ¼ dos meninos.

b) ¼ das meninas.

c) ½ dos meninos.

d) ⅛ das crianças.

e) ½ dos meninos e ½ das meninas.

Capítulo 13

BIOTECNOLOGIA

> **—À ENGENHARIA GENÉTICA PODE JUNTAR DOIS ANIMAIS NUM SÓ!**
> **—UAU!**
>
> **—OS CARAS CORTAM OS CROMOSSOMOS COM ENZIMAS, E DEPOIS GRUDAM AS PARTES DIFERENTES!**
>
> **—PRONTO! ACABOU A POESIA!**

© Fernando Gonsáles

Ninguém poderia supor, em 1953, quando desvendaram a estrutura molecular do DNA, que, em 1997, nasceria a ovelha Dolly, o primeiro clone de um mamífero, ou que, no século XXI, 99,99% do genoma humano já estaria sequenciado; que nasceria o primeiro o clone brasileiro; que seria anunciada a criação do primeiro organismo com genoma 100% sintético.

Com a descoberta da estrutura do DNA começava a biologia molecular, uma ciência que tem contribuído para muitos avanços tecnológicos como a aplicação de medicamentos customizados, isto é, dosados especialmente para cada indivíduo, e aplicações controversas como a clonagem de seres vivos e a produção de transgênicos.

A descoberta do DNA

Em 1953, o cientista britânico Francis Crick (falecido em 2004), o americano James Watson e o neozelandês Maurice Wilkins (falecido em 2004) compreenderam a estrutura espacial da molécula de DNA, o ácido desoxirribonucleico, material que forma nossos genes, isto é, nosso material hereditário, onde estão "codificadas" nossas características hereditárias e de todas as espécies que vivem no planeta.

Os três cientistas montaram modelos da estrutura tridimensional do DNA em cartolina e propuseram a autoduplicação da molécula, que acaba sendo a base da passagem de genes de um ser vivo para outro.

O estudo que fizeram foi apresentado em uma matéria de apenas duas páginas na revista *Nature* de 15 de abril de 1953. Só quatro anos mais tarde é que a comunidade científica se deu conta da importância do trabalho e a revolução da biologia molecular começava.

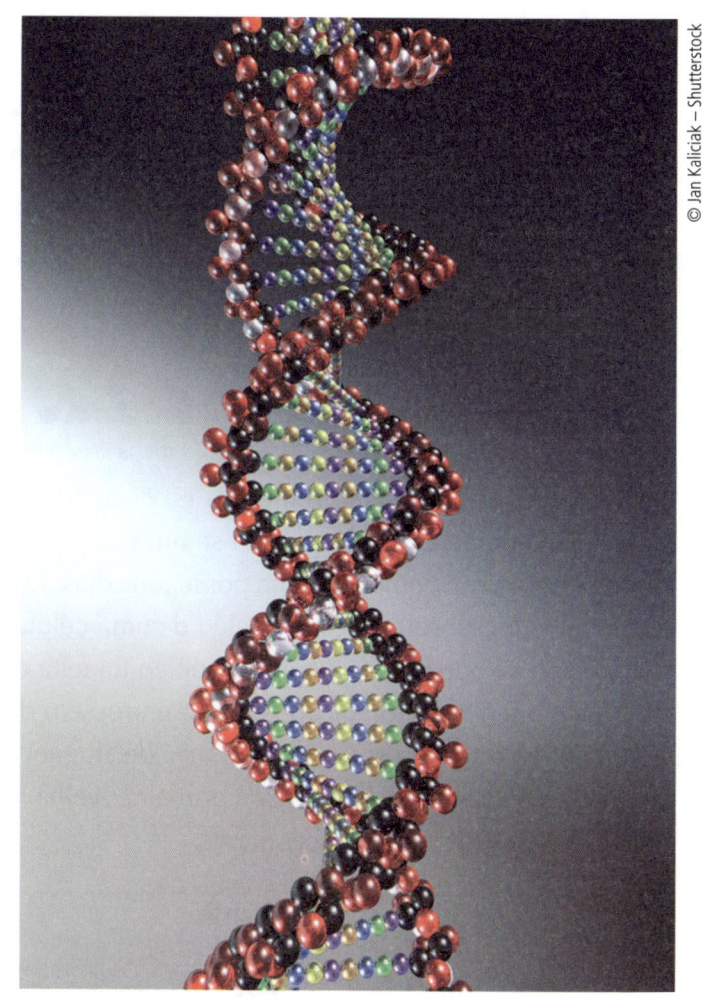

Molécula de DNA.

Watson e Crick construindo um grande modelo de DNA.

Maurice Wilkins ao lado de um esquema da fita dupla de DNA.

Clonagem e a ovelha Dolly

Pouco antes do século XX, já eram realizados experimentos com embriões, principalmente a partir de oócitos de anfíbios, bem grandes em comparação aos de outros animais e, por isso, de fácil manipulação. Os resultados obtidos ensinaram muito aos pesquisadores, mesmo sem as técnicas e os recursos de hoje.

Mais experimentos foram feitos, até que surgiu a sensação do mundo científico, revelada por Ian Wilmut, na Escócia, em 1997: o nascimento da ovelha Dolly.

A ovelha Dolly, primeiro mamífero a ser clonado em 1997.

De uma primeira ovelha, retirou-se um grupo de células de sua glândula mamária, as quais foram cultivadas em meio de cultura por alguns dias. De uma segunda ovelha, foi colhido um oócito, cujo núcleo foi substituído pelo núcleo de uma célula de glândula mamária da primeira ovelha.

A fusão do oócito com seu novo núcleo foi feita com corrente elétrica e, em seguida, o gameta feminino com nova informação genética entrou em divisão e formou um embrião. Este foi implantado no útero de uma terceira ovelha, mãe de aluguel de Dolly. Esta, ao nascer, tornou-se um **clone**, ou cópia geneticamente idêntica, da primeira ovelha, que tinha seis anos de idade quando Dolly foi apresentada ao mundo, aos sete meses.

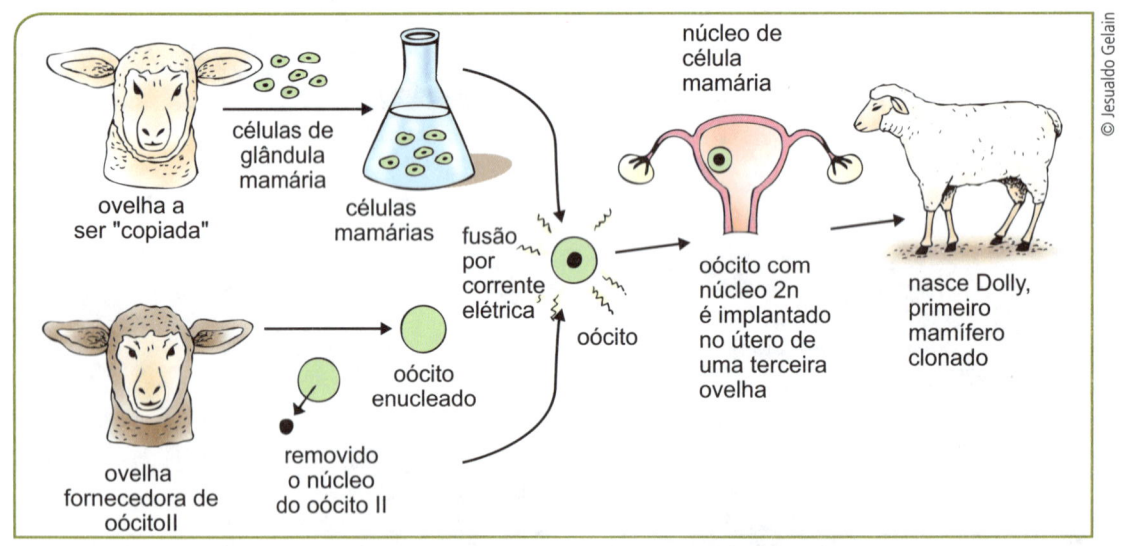

Esquema do experimento que resultou na ovelha Dolly, realizado no Instituto Roslim, em Edimburgo, no Reino Unido.

A ovelha Dolly foi sacrificada em fevereiro de 2003 pelos cientistas do Instituto Roslim, em Edimburgo, pois apresentava sérios problemas de saúde.

Claro que "copiar" um animal em laboratório levantou enorme polêmica, principalmente quando se aventou a possibilidade ou disposição de obter clones humanos, tema que incendiou as discussões no mundo científico, além de incitar aqueles que não admitem a clonagem humana por acreditarem que ela fere a ética, a moral e a religião. Todavia, cabe lembrar que todo organismo resulta da interação de sua carga genética com o ambiente, até os gêmeos idênticos e os clones.

A técnica de obtenção dos clones pode vir a servir para salvar espécies ameaçadas. Ao falharem os métodos convencionais, como proteção ambiental e reprodução em cativeiro, os cientistas esperam clonar espécies quase extintas, produzindo cópias vivas a partir de um "banco de DNA", que poderia armazenar a biodiversidade do planeta.

Muitas tentativas, entretanto, falharam até aqui.

Você sabia?

Vitória, o clone brasileiro

Com o nascimento de Vitória, em 2001, uma bezerra da raça simental, o Brasil entra definitivamente na era da clonagem de animais. O processo foi realizado pela Empresa Brasileira de Pesquisa Agropecuária (Embrapa) e representa o resultado de pesquisas iniciadas em 1984. A clonagem de Vitória se assemelha ao processo de clonagem da ovelha Dolly, desenvolvida pela empresa escocesa PPL Therapeutics, em 1997. A ovelha Dolly teve origem nas células de glândulas mamárias de uma fêmea adulta. Já as células que originaram Vitória vieram de um embrião de cinco dias. Ela não é uma cópia perfeita da doadora da célula original, já que seu material veio de um embrião de cinco dias, ainda no início do processo de diferenciação. Em junho de 2004, nasceu a bezerra Vitoriosa, um clone de Vitória que morreu três meses depois de nascer. Quando Vitória já estava adulta, os cientistas retiraram células de uma de suas orelhas. O núcleo de uma dessas células foi fundido, por meio de descarga elétrica, ao óvulo anucleado de outra vaca doadora.

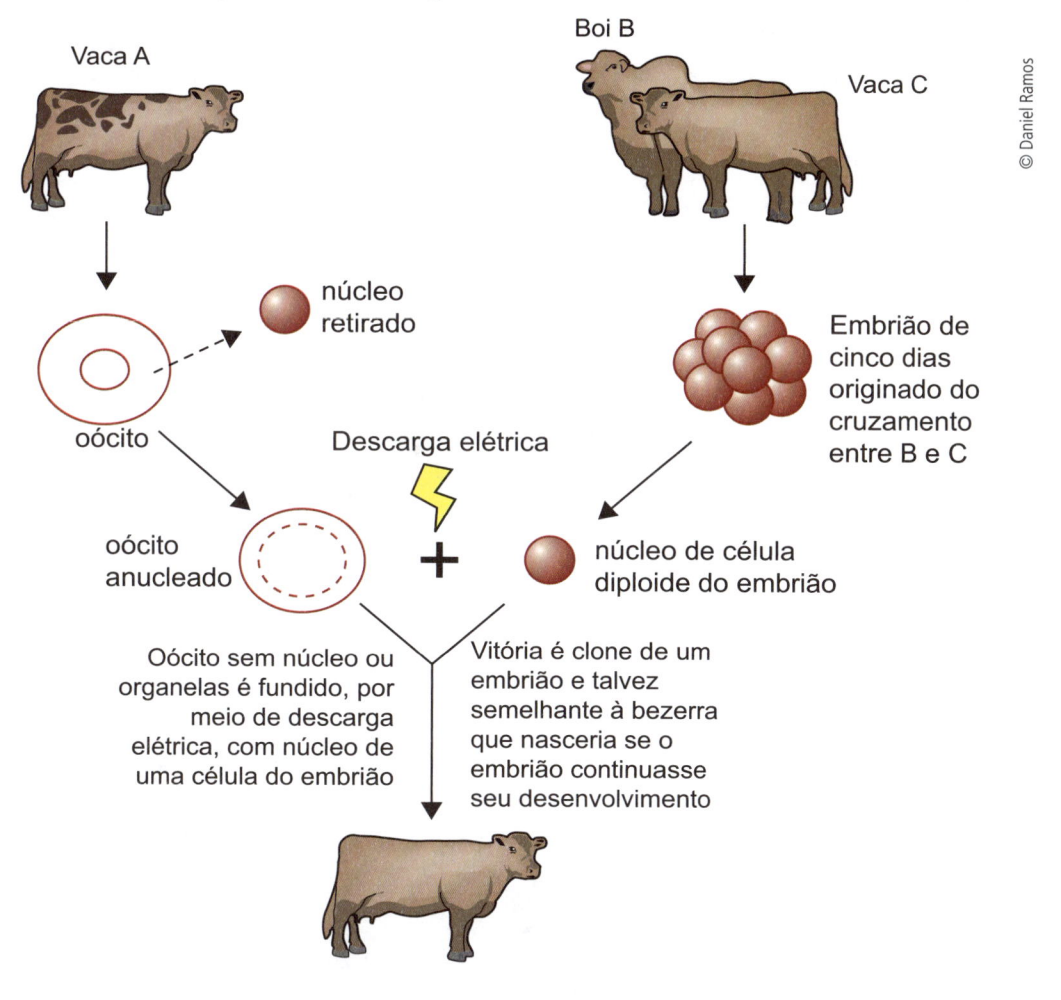

Nutrida num meio de cultura, a célula se dividiu e alcançou a fase de embrião, que foi implantado no útero de uma outra vaca, de aluguel, que, meses depois, pariu Vitoriosa, a bezerra que é um clone de outro clone. Por isso, estudamos cada vez mais a ciência chamada **bioética**, um conjunto de diretrizes que estabelecem os parâmetros de utilização responsável do conhecimento científico, principalmente em relação à vida humana. No Brasil, não é permitida a clonagem humana e aqui, como em outros países, há uma Comissão Técnica Nacional de Biossegurança (CTNBio).

Novas técnicas

A manipulação aprimorada do material genético permitiu que, em busca de aperfeiçoamento genético, o DNA de animais ou plantas recebesse **genes estrangeiros**, acrescentando ao organismo características da espécie doadora.

Esses **organismos geneticamente modificados** (OGMs) são chamados **transgênicos**. Um exemplo conhecido são as bactérias que receberam genes humanos e passaram a sintetizar insulina pancreática ou hormônio de crescimento da hipófise.

Um gene de uma bactéria, responsável pela síntese de uma toxina que mata lagartas, foi colocado no milho, que passou a produzir a toxina contra pragas, dispensando o uso de inseticidas.

Essas mudanças, que podem ser feitas por manipulação no material genético de um organismo, tornando-o mais resistente, como no caso da soja plantada em alguns estados brasileiros, ainda causam muita polêmica, se bem que muitos países já possuem lavouras transgênicas, principalmente de soja, milho, batata, algodão e outros.

Os mais cautelosos afirmam que a liberação de alimentos transgênicos para o mercado depende de um largo estudo do impacto ambiental, pois existe o risco, segundo os opositores dos transgênicos, de surgir um superpraga resistente.

Células **indiferenciadas** (ainda jovens), obtidas da medula óssea dos adultos ou de embriões, têm capacidade de se transformar em células nervosas, musculares cardíacas, ósseas etc., para substituir células com lesões. São as conhecidas **células-tronco**.

No Rio de Janeiro, células-tronco extraídas da medula óssea foram implantadas no coração de pacientes, regenerando o músculo cardíaco e criando novos vasos sanguíneos, evitando, inclusive, o transplante daquele órgão em alguns dos pacientes.

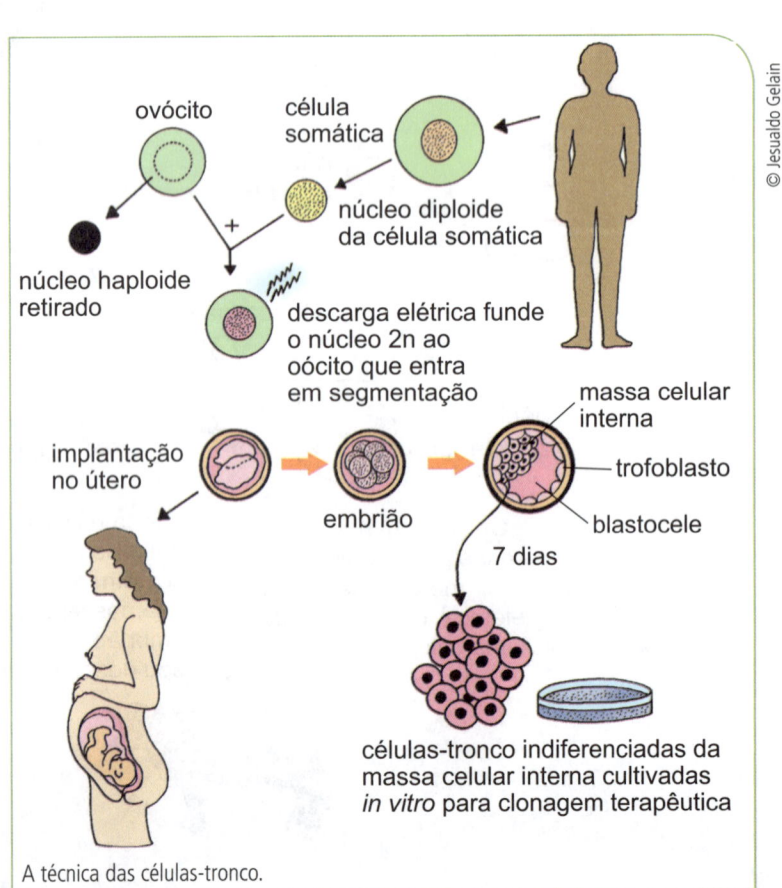

A técnica das células-tronco.

Defensores da **bioética** e líderes religiosos condenam a criação de embriões e sua destruição para a retirada de células-tronco. Por isso, em vários países, a manipulação genética é proibida.

Você sabia?

O artigo 5º da Lei de Biossegurança (Lei nº 11.105, de 24 de março de 2005) libera no país a pesquisa com células-tronco de embriões obtidos por fertilização *in vitro* e congelados há mais de três anos, porém só em 2008 o Supremo Tribunal Federal (STF) autorizou o prosseguimento das pesquisas.

Pela atual Lei de Biossegurança, apenas os embriões congelados há mais de três anos e os inviáveis para implantação podem ser utilizados em pesquisas. Por embrião inviável entenda-se aquele que, na fertilização *in vitro*, não é introduzido no útero da mulher por não ter qualidade ou por conter mutações responsáveis por doenças genéticas.

Projeto Genoma Humano

Em 2001, foi anunciado o sequenciamento dos genes da espécie humana, estudo que começou em meados de 1990.

O **genoma** carrega todas as informações do conjunto que cada pessoa será após seu desenvolvimento em interação com o ambiente, armazenadas na linguagem do alfabeto de quatro letras do DNA, o ácido desoxirribonucleico, material genético de todos os seres vivos do planeta.

Essas quatro letras são as iniciais de quatro **bases nitrogenadas**: adenina, timina, guanina e citosina, as quais se repetem e se alternam. As quatro bases sempre estão associadas assim: adenina com timina e guanina com citosina. É a sequência dessas bases que determina todas as proteínas das quais são formados todos os seres vivos, como eles funcionam.

Qualquer "erro" na associação dessas bases determina a fabricação de uma ou mais proteínas defeituosas, ou provoca a falta de alguma substância essencial para o funcionamento do organismo. Esse "erro" é chamado **mutação**. Na espécie humana, encontramos 3,1 bilhões de bases, distribuídas em 30 a 50 mil genes.

Um **gene** ou cístron é um segmento de DNA com certo número de bases nitrogenadas.

Em meados de fevereiro de 2001, no mundo todo foi noticiado o **mapeamento** do **código genético**, com todas as instruções de fabricação e funcionamento de um ser humano.

Esse verdadeiro "manual" de informações a respeito de cada espécie é o **genoma**, um registro químico de todas as características de um organismo, codificadas por meio de um alfabeto de

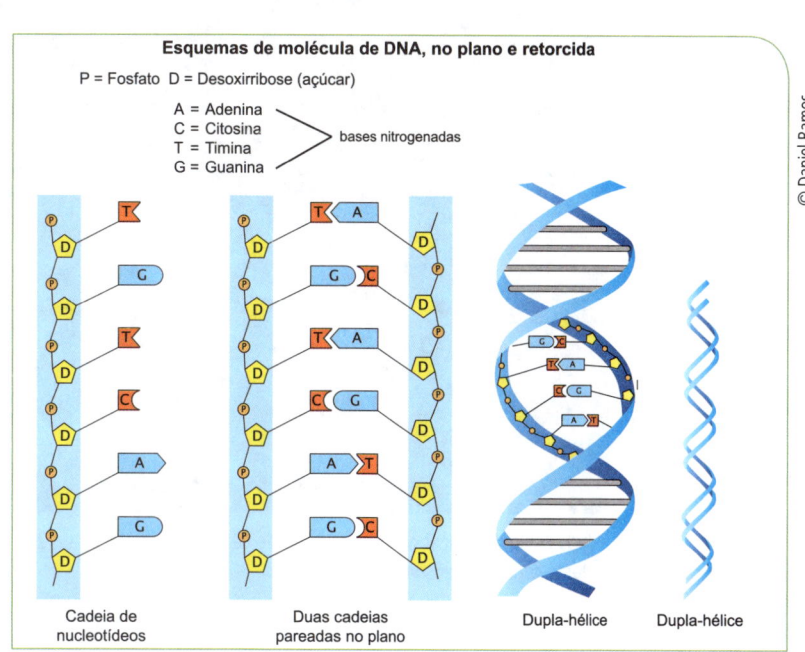

Esquemas de molécula de DNA, no plano e retorcida

P = Fosfato D = Desoxirribose (açúcar)
A = Adenina
C = Citosina } bases nitrogenadas
T = Timina
G = Guanina

Cadeia de nucleotídeos | Duas cadeias pareadas no plano | Dupla-hélice | Dupla-hélice

© Daniel Ramos

apenas quatro "letras" (bases nitrogenadas). Nas combinações dessas quatro "letras" ou bases estão "impressas" as sequências de como os aminoácidos devem estar dispostos para a formação de milhares de diferentes moléculas de proteínas que sintetizamos, responsáveis pela forma e pela função do nosso e de outros organismos.

As individualidades gênicas de um organismo são definidas pelas suas proteínas, tanto que o **proteoma**, ou conjunto das proteínas de uma espécie, é o tema central de um grandioso projeto que já começou: o sequenciamento das proteínas.

O conhecimento detalhado do genoma humano permitirá, segundo os cientistas, o desenvolvimento de testes e diagnósticos precoces e, inclusive, a **criação de medicamentos específicos** e até **personalizados**.

A técnica da **terapia gênica** permitirá também que um gene defeituoso ou mutante dos gametas possa ser corrigido ou substituído.

Você sabia?

A incrível e triste vida de Henrietta Lacks

*Como uma americana negra e pobre mudou a história da medicina
com suas células, mas nunca se beneficiou disso*

Ela era baixinha, negra, pobre e morreu aos 31 anos em 1951. Durante décadas ela era conhecida – e mundialmente admirada – apenas como HeLa.

Na verdade, conhecidas são as suas células, pois a plantadora de tabaco americana Henrietta Lacks era basicamente uma desconhecida em seu país e no mundo até o lançamento do livro A *vida imortal de Henrietta Lacks*, de Rebecca Skollot. São Paulo: Companhia das Letras, 2011.

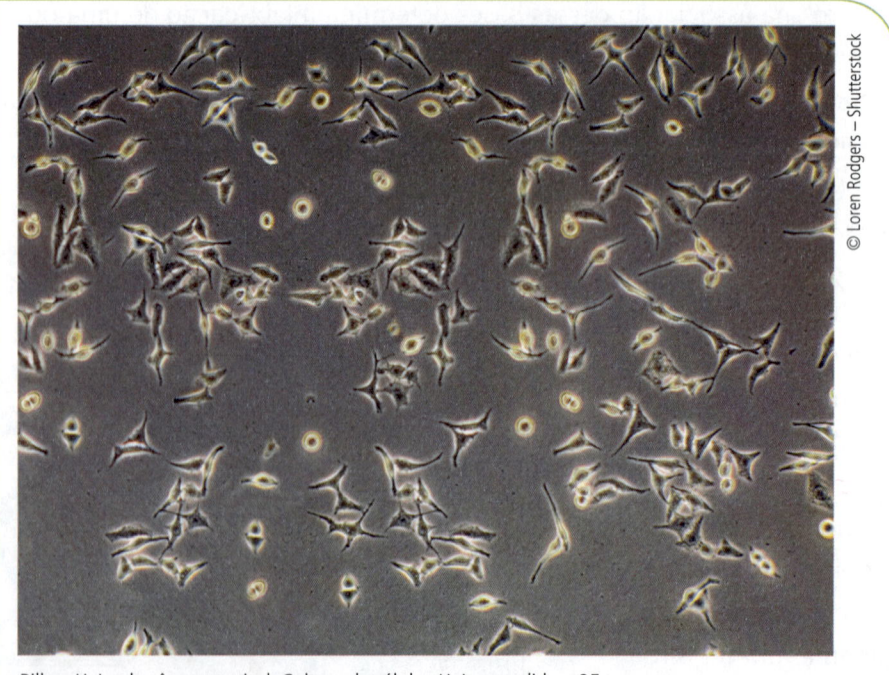

Pilhas HeLa do câncer cervical. Cultura de células HeLa: vendida a 25 dólares o tubo de ensaio.

Henrietta nunca soube que os médicos do hospital Johns Hopkins, um dos mais importantes dos Estados Unidos, haviam retirado células do câncer de colo de útero que terminaria por matá-la. Mesmo seus filhos e marido souberam apenas 20 anos após sua morte que as células de Henrietta haviam se tornado a primeira linhagem de células imortais crescidas em cultura e que foram fundamentais para o avanço da medicina em áreas tão distintas como quimioterapia, clonagem, fertilização *in vitro* e vacina da polio.

Cem prédios Empire State

Atualmente as células HeLa continuam mais ativas do que nunca em milhares de laboratórios de todo o mundo, embora ela esteja morta há 59 anos. "Deus e todo mundo as usam", afirmou o professor Ricardo Brentani, professor emérito de Oncologia da Universidade de São Paulo (USP), presidente do Hospital
do Câncer e diretor-presidente da Fundação de Amparo à Pesquisa do Estado de São Paulo (Fapesp). E completou: "Certamente há muito mais células da Henrietta Lacks nos laboratórios do que ela tinha quando ia ao supermercado". No livro, Rebecca estima que se todas as células HeLa fossem empilhadas teriam o peso equivalente a cem Empire State Building, em Nova York (um dos prédios mais altos dos Estados Unidos, com 102 andares). Até 2009, segundo dados levantados por Rebecca, mais de 60 mil artigos científicos haviam sido escritos sobre as células HeLa e eles cresciam a uma taxa de 300 artigos por mês.

O câncer de colo de útero é um dos que mais atinge mulheres em todo o mundo. Com cerca de 500 mil casos novos por ano no mundo, ele é o segundo tipo de câncer mais comum entre as mulheres, sendo responsável pela morte de 230 mil mulheres por ano segundo dados do Instituto Nacional de Câncer (Inca). No Brasil, para 2010, são esperados mais de 18 mil casos novos, ou seja, 18 casos para cada 100 mil mulheres. Atualmente sabe-se que o surgimento desse tipo de câncer está associado à infecção por um dos 15 tipos oncogênicos do vírus *Human papillomavirus* (HPV).

"A linhagem celular derivada do tumor de Henrietta contém o DNA do HPV tipo 18, um dos mais oncogênicos.", explicou ao iG a pesquisadora Luisa Villa, do Instituto Ludwig que trabalha com células HeLa há mais de 25 anos e liderou as pesquisas no Brasil que levaram à criação da primeira vacina contra HPV aprovada pela Agência Nacional de Vigilância Sanitária (Anvisa) em 2006 – a vacina é eficaz contra quatro tipos de HPV (6, 11, 16 e 18). E elas – as células HeLa – continuam a ser reproduzidas em laboratório e literalmente vendidas por US$ 25 o tubo de ensaio. Sim, as HeLa também se transformaram em um grande negócio financeiro. Novamente a família Lacks foi esquecida e pior: nunca se beneficiou dela e nenhum dos filhos de Henrietta conseguiu ter plano de saúde e muito menos ir à universidade. As células HeLa também foram ao espaço na primeira missão especial para ver o que acontecia às células humanas em um ambiente de gravidade zero. O trabalho com células HeLa mudou a medicina, mas sua dona ficou na sombra durante décadas e sua família nunca se beneficiou disso. Esta é a incrível e triste história de Henrietta Lacks.

(Fonte: Alessandro Greco/iG – especial para o IG 12/11/2010.)

ATIVIDADES

1 Francis Crick e James Watson descobriram que a molécula de DNA, nosso material genético, é formada por duas sequências paralelas de bases nitrogenadas interligadas. Na figura abaixo de, um trecho de DNA, complete as bases da direita de acordo com as bases nitrogenadas da esquerda.

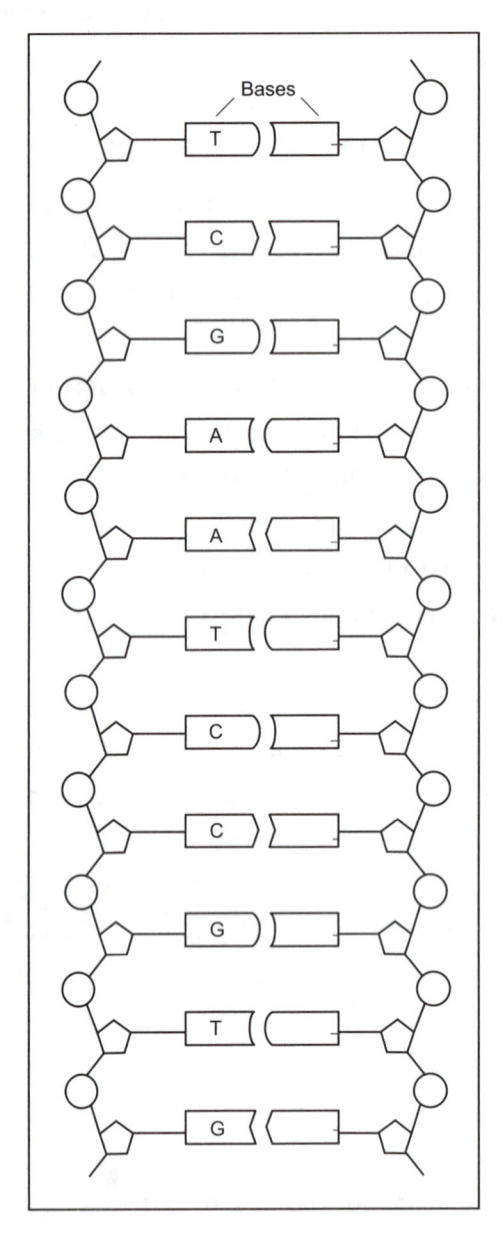

2 Do sangue de dinossauros, obtido a partir de mosquitos conservados em âmbar há milhões de anos, os cientistas do filme *Parque dos Dinossauros* conseguiram criar, em laboratório, novas gerações daqueles répteis monstruosos. Qual a técnica que eles teriam utilizado?

_____

_____

_____

3 Pesquisadores retiraram o núcleo da célula muscular de um animal A e o implantaram num óvulo de um animal B, do qual o núcleo fora previamente removido. Esse óvulo, depois, foi implantado no útero de um animal C, originando um filhote normal. O recém-nascido tem as características genéticas do animal A, B ou C?

4 Se vários clones forem obtidos das células de um mesmo animal, o que aconteceria se um dos clones se mostrasse altamente sensível a uma virose desconhecida? Por quê?

5 Um animal A tem 86% dos mesmos genes de um animal B; porém, 97% dos genes do animal A são os mesmos que os genes do animal C. Qual o grau de parentesco entre eles? Explique.

6 Duas espécies diferentes podem ter o mesmo número de cromossomos?

_____
_____
_____
_____
_____
_____
_____

7 (Cesgranrio) "Bactérias formam clones desde o início da vida na Terra."

(Fonte: Imprensa Local)

Hoje, algumas espécies de tatus produzem, por clonagem, de quatro a doze filhotes. Esse tipo de clonagem é possível porque:

a) A fêmea produz um grande número de ovos.

b) Os zigotos formados são consequência de meioses constantes.

c) O zigoto formado é capaz de se dividir várias vezes.

d) A grande produção de gametas masculinos garante o desenvolvimento dos zigotos.

e) As mitoses existentes em cada zigoto são consequência de recombinação gênica.

8 (Fuvest) Vegetais e animais transgênicos:

a) São mutantes que têm o seu genoma alterado por processos como radiação, para desenvolvimento de características específicas.

b) Passaram por processo de clonagem, onde sofrem transplante de órgãos em experiências científicas, para desenvolvimento de fenótipos específicos.

c) Têm o seu fenótipo alterado mediante ação de mecanismos físicos ou biológicos, mas não passam as alterações sofridas às gerações seguintes.

d) São seres modificados por biotecnologia, que consiste na inserção de genes provenientes de outros organismos ao genoma que se deseja modificar.

e) Tiveram o seu DNA alterado por variações climáticas, que provocaram a deleção de genes, o que ocasionou modificações nos fenótipos.

9 (PUC/RIO) A ovelha Dolly, primeiro clone animal oficialmente declarado, após adulta foi acasalada com um macho não aparentado. Desse cruzamento resultou o nascimento de um filhote com características "normais". Esse filhote:

a) é geneticamente idêntico à sua mãe, a ovelha Dolly.

b) é geneticamente igual à sua avó, mãe da ovelha Dolly.

c) não tem nenhum parentesco genético de seu pai.

d) tem todo seu patrimônio genético herdado de seu pai.

e) tem parte do material genético de seu pai e parte de sua mãe.

10 (UFPR) Em 1981, pela primeira vez cientistas conseguiram transferir genes de um animal a outro. Fragmentos de DNA de coelho contendo genes de hemoglobina foram transferidos para células-ovo de camundongos. Isso teve como consequência o aparecimento da proteína hemoglobina do coelho nas hemácias dos camundongos. Os descendentes desses camundongos (F1) também apresentaram hemoglobina do coelho em suas hemácias. Com relação a esse conhecimento, considere as seguintes afirmativas:

I – O fenômeno descrito no enunciado é o da criação de organismos transgênicos.

II – O gene da hemoglobina foi incorporado somente nas hemácias dos camundongos, mas não nos demais tipos celulares.

III – Tanto camundongos machos quanto fêmeas podem ter transmitido os genes da hemoglobina aos seus descendentes.

IV – Para que a hemoglobina de coelho seja expressa em F1, é necessário cruzar dois indivíduos parentais portadores do gene.

Assinale a alternativa correta.

a) Somente a afirmativa **I** é verdadeira.

b) Somente as afirmativas **I, II** e **IV** são verdadeiras.

c) Somente as afirmativas **I, II** e **III** são verdadeiras.

d) Somente as afirmativas **I** e **III** são verdadeiras.

e) Somente as afirmativas **III** e **IV** são verdadeiras.

Capítulo 14 — EVOLUÇÃO

Até o século XVII predominava o **fixismo**, o qual dizia que todas as espécies teriam sido criadas independentemente umas das outras e, portanto, seu tipo e número eram constantes, imutáveis.

Muitos seguidores do fixismo, desse modo, apoiavam a teoria que defendia a criação divina de todas as espécies de animais e de vegetais.

Até os fósseis, provas "indiscutíveis" da evolução, eram explicados pelos fixistas por meio de grandes desastres naturais, que teriam mudado regiões inteiras do planeta, como um dilúvio, por exemplo. Aqueles que defendiam tal ideia eram chamados **catastrofistas**.

Jean-Baptiste de Monet, pseudônimo de Lamarck (1744-1829), e Charles Robert Darwin (1809-1882) estavam entre os primeiros a propor uma explicação alternativa para a história da vida.

O lamarckismo

Lamarck foi, provavelmente, o primeiro que acreditou no **transformismo**, ideia que defende a transformação das espécies, ao contrário daquilo que pregava o fixismo.

Ele propôs uma teoria definida por duas leis:

Uso e desuso

Estruturas ou órgãos exercitados constantemente tendem a se desenvolver, enquanto aqueles não utilizados podem sofrer atrofia.

Segundo Lamarck, os fatores do meio ambiente poderiam alterar as características de uma espécie.

As girafas ancestrais, por exemplo, teriam pescoço curto; porém, as árvores menores, cujas folhas serviam de alimento para elas, teriam desaparecido, restando apenas árvores mais altas. As girafas, para comer, tiveram necessidade de esticar cada vez mais o pescoço, o que teria proporcionado o aumento do comprimento do pescoço e das pernas anteriores.

Transmissão dos caracteres adquiridos

As características adquiridas pelo uso ou desuso seriam herdadas pelas gerações seguintes, isto é, depois de milhares de anos, a característica pescoço comprido teria passado aos descendentes das girafas.

Um músculo sob exercício constante tende a aumentar de tamanho, mas os filhotes desse indivíduo terão músculos normais. As características não passam de uma geração à outra, a menos que estejam "impressas" nos nossos genes; estes, sim, são transmissíveis aos descendentes.

O darwinismo

Aos vinte e dois anos de idade, Charles Darwin foi convidado para uma expedição científica inglesa, que partiu de Davenport, em 1831, retornando apenas em 1836.

Durante cinco anos, Darwin mostrou ser um atento observador, além de recolher um incontável número de preciosas amostras.

A enorme diversidade de espécies vegetais e animais e sua luta pela sobrevivência, realmente, marcaram o pensamento de Darwin.

De volta para casa, e ao ler (1838) o livro *Ensaio sobre o princípio da população*, do economista inglês Thomas Malthus (1766/1834), uma revolução aconteceu na mente de Darwin. Malthus afirmava que as populações crescem muito mais que o alimento disponível para elas.

Charles Darwin.

Por isso, pensou Darwin, acontecia a luta pela sobrevivência, e os mais fortes, ou os que conseguissem melhor performance para sobreviver, não só cresceriam, como produziriam descendentes semelhantes.

Só os mais aptos obtêm alimento quando esse é escasso, e a sua sobrevivência seria a explicação das constantes mudanças entre as espécies.

Se o meio ambiente muda, ele faz novas "imposições" ou "exigências" aos seres vivos e estes somente sobrevivem se conseguirem superar tais obstáculos. Essa "depuração", feita pelo meio ambiente entre as espécies, Darwin acabou chamando de seleção natural.

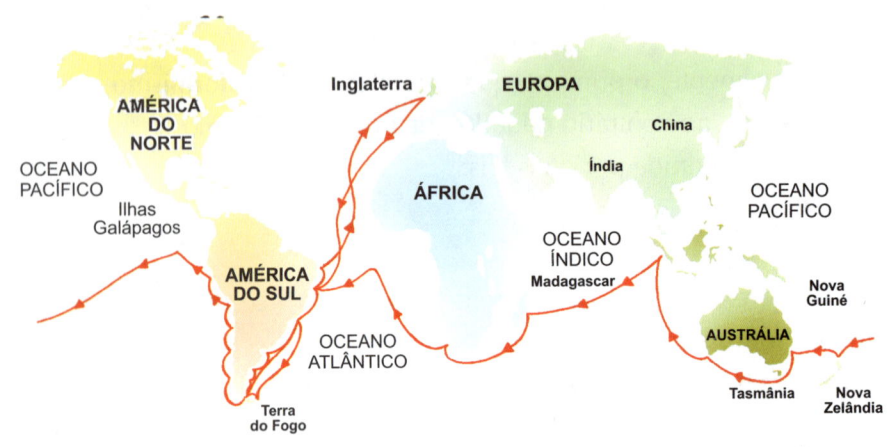

Rota da expedição do veleiro H. M. S. Beagle, na qual Charles Darwin participou como naturalista.

Em 1859, Darwin publica *A Origem das espécies* e, a partir de então, seu pensamento provoca intensa polêmica e calorosas discussões. Ficou famoso o episódio ocorrido no estado do Tennessee (Estados Unidos), em 1925, quando um professor de uma escola local foi processado, e depois teve a condenação cancelada, por ensinar a teoria da evolução.

O pescoço da girafa e o darwinismo

Charles Darwin encontrou enorme diversidade de pássaros fringilídeos nas ilhas de Galápagos, cujos bicos e plumagens eram diferentes, apesar de as espécies serem muito parecidas. Darwin supôs que os diferentes fringilídeos pudessem ter evoluído de um ancestral comum, talvez oriundo do continente. Mais tarde, ele entenderia que as diferenças tão pequenas entre os bicos dos pássaros eram variações que permitiam a sua sobrevivência. Em cada ilha, um diferente tipo de bico garantia a obtenção do alimento disponível.

Um fringilídeo ou tentilhão, que se alimenta de sementes.

Se Darwin admitia as variações, também aceitava que as variações favoráveis facilitam a sobrevivência dos componentes de uma espécie e sua perpetuação, enquanto as variações desfavoráveis podem levar ao desaparecimento de indivíduos ou de outras espécies.

Dos diferentes comprimentos de pescoço, sobrevive apenas a girafa que consegue alcançar o alimento.

Darwin deduziu que essa mortalidade era fruto de uma luta pela sobrevivência, uma "seleção" feita pelo meio ambiente, aquilo que o darwinismo chamou de seleção natural.

O meio ambiente seleciona as variações que permitem (aos mais aptos) a adaptação a um certo hábitat. Logo, quanto maior a diversidade (quanto mais variações), mais fácil será o trabalho da seleção natural.

Indivíduos mais aptos ("selecionados") e adaptados chegam a se reproduzir e perpetuar as boas variações.

Enquanto o lamarckismo acreditava que o pescoço da girafa fora aumentando, o darwinismo explicava que as girafas ancestrais possuíam pescoço com diferentes comprimentos e, devido ao ambiente (alimento apenas nos galhos mais altos), sobreviveram ou foram selecionadas apenas as girafas de pescoço longo.

A seleção natural proposta por Charles Darwin era a explicação da sobrevivência ou adaptação dos mais aptos; todavia, não revelava a causa das variações. Cabe lembrar que os conceitos de hereditariedade e mutações não eram conhecidos por Darwin ou sequer Lamarck.

Você sabia?

Teoria sintética da evolução, o neodarwinismo
Wallace

Aos trinta e oito anos de idade, o naturalista inglês Alfred Russel Wallace (1823-1913) elaborou, em 1858, – ao mesmo tempo que Darwin – a hipótese da seleção natural para explicar a evolução das espécies.

Wallace coletou dados de suas observações em sua viagem ao Brasil e ao arquipélago Malaio (Indonésia e Malásia) entre 1848 e 1852.

Ele descobriu a seleção natural e passou suas ideias para o papel. Em seguida, resolveu enviar o manuscrito de sua descoberta para Darwin, naturalista a quem admirava e com quem já havia trocado correspondência. Juntamente com esse texto, seguia uma carta pessoal em que ele pedia ao colega uma avaliação do mérito de sua teoria, bem como o encaminhamento da tese ao geólogo Charles Lyell, um proeminente cientista da época.

Alfred Russel Wallace.

Para Darwin, tratava-se de uma surpresa nada agradável. Wallace lhe apresentava uma teoria praticamente idêntica àquela em que o próprio Darwin vinha trabalhando há duas décadas, com grande sigilo. Desse modo, Darwin passava pelo pior pesadelo de um cientista, ao de ter perdido a precedência no descobrimento. Afinal, para a ciência, não importa que Darwin estivesse trabalhando durante 20 anos: o crédito da descoberta seria de quem a publicasse primeiro.

"Toda a minha originalidade será esmagada", escreveu Darwin numa carta a seu amigo Charles Lyell. Para evitar que isso acontecesse, Lyell e o botânico Joseph Hooker – também amigo de Darwin, além de homem influente no mundo científico – propuseram que os trabalhos fossem apresentados simultaneamente à Sociedade Lineana, o mais importante centro de estudos de história natural da Grã-Bretanha, como aconteceu a 1º de julho. Não faltam documentos ou provas de que Darwin fez a sua descoberta antes de receber as informações de Wallace. Tudo, por incrível que pareça, não passou de uma imensa coincidência ("Nunca vi coincidência tão impressionante", disse Darwin na carta que enviou a Lyell). Portando-se como legítimo cavalheiro britânico, Darwin dividiu as honras da descoberta com Wallace que, por sua vez, lhe cedeu a primazia na publicação de *Origem das espécies*.

Teoria sintética da evolução, o neodarwinismo

Quando Hugo de Vries (1848-1935) descobriu as **mutações** (1901) – alterações espontâneas e ao acaso do material genético de animais e plantas –, ficou explicado o mecanismo das variações que Darwin não conseguiu entender.

Os fósseis são uma excelente evidência da seleção.

Após a descoberta das mutações, foram retomados os estudos de genética propostos por Mendel e, anos depois, pesquisadores como T. Dobzhansky, G. Simpson e E. Mayr elaboraram a **moderna teoria da evolução** ou **neodarwinismo**, o qual pode ser resumido assim:

- As **mutações** representam a causa primária das variações numa espécie. Elas ocorrem ao acaso, podem ser benéficas ou prejudiciais e são transmissíveis apenas quando ocorrem nas células germinativas ou reprodutoras.
- A **reprodução sexuada** faz com que as variações passem adiante entre os indivíduos de uma espécie.
- A **seleção natural** é que "escolhe" as variações, mantendo as benéficas e eliminando as prejudiciais, num período de algumas gerações.

Seleção artificial

O DDT e outros praguicidas, usados para "combater" insetos transmissores de doenças e que atacam a lavoura, são responsáveis pela intoxicação de muitos seres vivos.

Quando usamos um inseticida, pode ser que alguns insetos sejam resistentes, isto é, por mutação adquiriram resistência anteriormente. Depois de usarmos o inseticida, só os já resistentes sobrevivem e se reproduzem entre si.

As próximas gerações serão constituídas apenas de insetos resistentes. A partir daí, teremos que usar uma dose muito maior do mesmo inseticida ou, então, procurar um inseticida muito mais forte e também mais tóxico.

> **Você sabia?**
>
> ### Surto *Escherichia coli* na Alemanha
>
> A Organização Mundial da Saúde (OMS) afirmou que o surto de *Escherichia coli* que atinge a Europa é causado por uma cepa (variação da bactéria) completamente nova. A infecção pode causar a complicação mortal da síndrome hemolítico-urêmica (SHE), que ataca os rins, às vezes causando convulsões, derrames e comas. Sequenciamento genético preliminar sugere que a cepa é uma forma mutante de duas bactérias *Escherichia coli*, com genes agressivos que poderiam explicar por que o surto que atinge nove países, principalmente a Alemanha, parece ser tão perigoso, disse a agência.
>
> A bactéria contém genes que causam resistência a antibióticos e são similares a uma cepa que causa grave diarreia na República da África Central, de acordo com um comunicado do laboratório chinês BGI, em Shenzhen, que trabalha em conjunto com pesquisadores do Centro Médico Universitário do laboratório Eppendorf, em Hamburgo. Segundo pesquisadores da Alemanha, a bactéria tem genes de dois grupos distintos de *Escherichia coli*: a *Escherichia coli* enteroagregativa (EAEC) e a *Escherichia coli* entero-hemorrágica (EHEC).
>
> Hilde Kruse, uma especialista em segurança alimentar da OMS, disse à Associated Press que essa é uma "cepa específica que nunca havia sido isolada de pacientes anteriormente". Segundo ela, a nova cepa "tem várias características que a tornam mais virulenta e produtora de toxinas" do que as cepas da *Escherichia coli* que as pessoas naturalmente carregam em seus intestinos.
>
> A mesma conclusão tiveram cientistas do Instituto de Genômica de Pequim, na China, segundo os quais a cepa é "altamente infecciosa e tóxica". Até agora, o surto atingiu mais de 1,5 mil pessoas, incluindo 470 que desenvolveram a rara complicação renal da SHE, e deixou 18 mortos – 17 na Alemanha e um na Suécia. Os pesquisadores não conseguem apontar o que causou a doença, que fez a Rússia estender um banimento à importação de vegetais para toda a Europa.
>
> Segundo Kruse, não é incomum que uma bactéria apresente mutação, com mudança de genes. É difícil explicar, no entanto, de onde essa nova cepa pode ter vindo. Ela acrescentou ainda que cepas de bactérias normalmente trocam genes, da mesma forma que o vírus do ebola entre humanos é uma variante do encontrado em animais.
>
> Surtos prévios da *Escherichia coli* atingiram principalmente crianças e idosos, mas o surto europeu está desproporcionalmente afetando adultos, especialmente mulheres. Quase todos os doentes vivem na Alemanha ou recentemente viajaram ao país. Dois doentes agora estão nos EUA, e ambos viajaram recentemente para Hamburgo, Alemanha, onde houve muitas infecções.
>
> Disponível em: <http://ultimosegundo.ig.com.br/mundo/surto+da+e+coli+na+europa+e+causado+por+nova+cepa+da+bacteria/n159699644856 <http://www.dihitt.com.br/barra/surto-e-coli-na-alemanha>). Acesso em: jun. 2012.

O criacionismo

Há muito que se tenta explicar a existência dos seres vivos como resultado de um plano preestabelecido.

Citamos, no início do capítulo, que algumas pessoas influentes, na década de 1920, por exemplo, eram radicalmente contra o ensino do evolucionismo nas escolas norte-americanas. O político William Bryan acabou provocando a condenação, num tribunal, do professor John Scopes, que contrariou as leis antievolucionais, condenação essa que foi anulada em seguida.

Se o **criacionismo** é uma manifestação antiga, hoje já existem aqueles que defendem o **criacionismo científico**, o qual contesta as teorias da evolução e também o *Big Bang*, a "grande explosão" que teria dado origem ao Universo.

Assista ao filme *O Vento será tua Herança*. Existem duas versões, uma de 1960 e outra de 1999.

Tais pensadores, cientistas e filósofos explicam que a natureza segue um plano, uma finalidade e, se existe um planejamento, ele não precisaria ter sido feito por Deus, acreditam os mais convictos criacionistas.

Você sabia?

Pesquisa contesta prova criacionista sobre a origem da vida

A área de Kachina Bridge, em Utah (EUA), considerada uma evidência da teoria criacionista de que a Terra foi criada em um único dia, foi submetida a uma análise de pesquisadores, que chegaram à conclusão final.

As gravuras rupestres de dinossauros não seriam dos animais pré-históricos, mas sim uma boa pintura manchada.

A Kachina Bridge é uma formação rochosa em forma de arco, com mais de 60 metros de altura, que traria inscrições de culturas pré-históricas e de representações de dinossauros.

Kachina Bridge, Utah (EUA).

"A mais importante implicação nesses achados é que o sítio criacionista com evidências da coexistência entre dinossauros e humanos nem mesmo existe", comenta em entrevista ao site LiveScience o paleontólogo Phil Senter, da Universidade Estadual Fayetteville, em Carolina do Norte.

Os estudiosos analisaram quatro imagens do que parecem ser de dinossauros em várias situações: do olhar puro e simples, passando por binóculos e lentes especiais, com iluminação direta e indireta do sol e na sombra.

"O dinossauro 1, apelidado de Sinclair, realmente se parece com um dino se visto por olhos comuns. Mas um olho treinado pode frequentemente enxergar o que um não treinado vê."

"Até nosso estudo, esta era a melhor gravura de dinossauros e a mais difícil de ser argumentada e interpretada porque se parece muito com um dinossauro", Senter diz. "O 'melhor dinossauro' agora está extinto."

Segundo o grupo, a visão dos dinossauros são ilusões de ótica iguais aos rostos e animais que vemos nas nuvens e nas formações rochosas da Lua.

Senter e a arqueóloga Sally Cole detalham seu trabalho na edição de março do jornal "Palaentologia Electronica".

Folha de S. Paulo, 29/03/2011.
(Disponível em: <http://www1.folha.uol.com.br/ciencia/895491-pesquisa-contesta-prova-criacionista-sobre-a-origem-da-vida.shtml>).
Acesso em: ago. 2012.

ATIVIDADES

1 Analise as frases, relacione cada uma com a teoria da evolução de Lamarck ou de Darwin e justifique sua resposta.

I – As girafas ficaram com o pescoço comprido para comer as folhas situadas em árvores altas.

II – Algumas girafas, por terem pescoço comprido, podiam comer as folhas situadas em árvores altas.

III – Um halterofilista, com a musculatura desenvolvida à custa de muito exercício, deverá ter filhos com grande desenvolvimento muscular.

_____
_____

2 A evolução biológica é tema amplamente debatido e as teorias evolucionistas mais conhecidas são a de Lamarck e a de Darwin, a que remete a tira de Calvin abaixo.

a) Como a altura da girafa, lembrada pela tira de Calvin, foi utilizada para explicar a teoria de Lamarck?

_____
_____
_____
_____

b) Como a teoria de Darwin poderia explicar a situação relacionada com a altura da girafa?

_____
_____
_____
_____

3 Augusto Weismann (1834-1914) cortou, por várias gerações, as caudas de ratos que constituíam os parentais e, em todas as gerações, os filhotes nasceram com cauda. O que Weismann queria comprovar?

4 Leia o trecho, extraído do livro de Darwin, e responda às questões.

"[...] uma mudança acidental no tamanho e na forma do corpo, ou na curvatura e tamanho da probóscide, pequena demais para ser notada por nós, poderia favorecer a abelha ou outro inseto, de tal maneira que um indivíduo com essa característica poderia conseguir seu alimento mais rapidamente e ter maior chance de sobreviver e deixar descendentes. Esses descendentes provavelmente herdariam essa tendência.
[...] Assim, posso compreender como uma flor e abelha podem, lentamente [...], modificar-se e tornar-se adaptadas umas às outras através da constante preservação de indivíduos que apresentam ligeiras modificações em sua estrutura".

a) Que fenômeno origina o que Darwin chama de "uma mudança acidental no tamanho ou na forma do corpo"? Darwin sabia explicar como mudanças desse tipo aparecem?

b) A que processo Darwin está se referindo no trecho "[...] um indivíduo com essa característica poderia conseguir seu alimento mais rapidamente e ter maior chance de sobreviver e deixar descendentes"?

5 Bactérias superpoderosas:
Até meados de 2004, cerca de 40% das variedades da bactéria *Streptococcus pneumoniae*, causadora de pneumonia, sinusite, e até meningite, estarão resistentes aos dois antibióticos mais comuns: a penicilina e a eritromicina. O alerta é da Escola de Saúde Pública de Harvard. O desenvolvimento de germes superpoderosos é consequência do uso abusivo dos remédios.

(Revista *Época*)

O texto acima se aplica à teoria evolucionista original de:

a) Darwin, que diz que os indivíduos diferenciados por mutação são selecionados, prevalecendo os mais resistentes.

b) Darwin, que diz que os indivíduos são selecionados, prevalecendo os mais resistentes.

c) Darwin, que diz que as características adquiridas pelo uso são transmitidas aos seus descendentes.

d) Lamarck, que diz que os indivíduos diferenciados por mutação são selecionados, prevalecendo os mais resistentes.

e) Lamarck, que diz que as características adquiridas pelo uso são transmitidas aos seus descendentes.

6 Na cidade inglesa de Manchester, predominava a variedade clara de mariposa *Biston bettularia*, pois se confundia com as paredes alvas do centro e troncos claros dos arredores da cidade. Com a Revolução Industrial, os muros, troncos e boa parte da superfície da cidade cobriram-se com a fuligem negra, fazendo com que a variedade escura da mariposa passasse a ficar camuflada e denunciasse os insetos claros, antes confundidos com o outro cenário ou ambiente.

Veja as imagens apresentadas abaixo.

Camuflagem das mariposas sobre diferentes superfícies.

A característica cor clara, que era vantajosa num fundo sem fuligem, passou a comprometer a espécie, uma vez que, bem visíveis sobre o cenário escuro, as mariposas claras eram apanhadas facilmente por pássaros predadores.

a) Explique o que aconteceu.

_____
_____
_____
_____
_____

b) Qual o papel do meio ambiente no processo de evolução?

_____
_____
_____
_____
_____
_____
_____

7 (ENEM) "Os progressos da medicina condicionaram a sobrevivência de número cada vez maior de indivíduos com constituições genéticas que só permitem o bem-estar quando seus efeitos são devidamente controlados através de drogas ou procedimentos terapêuticos. São exemplos os diabéticos e os hemofílicos, que só sobrevivem e levam vida relativamente normal ao receberem suplementação de insulina ou do fator VIII da coagulação sanguínea".

(SALZANO, M. Francisco. "Ciência Hoje": SBPC: 21(125),1996.)

Essas afirmações apontam para aspectos importantes que podem ser relacionados à evolução humana.
Pode-se afirmar que, nos termos do texto,

a) os avanços da medicina minimizam os efeitos da seleção natural sobre as populações.

b) os usos da insulina e do fator VIII da coagulação sanguínea funcionam como agentes modificadores do genoma humano.

c) as drogas medicamentosas impedem a transferência do material genético defeituoso ao longo das gerações.

d) os procedimentos terapêuticos normalizam o genótipo dos hemofílicos e diabéticos.

e) as intervenções realizadas pela medicina interrompem a evolução biológica do ser humano.

8 (ENEM) "As infecções hospitalares podem ser de difícil combate por meio de antibióticos comuns. Esse fato deve-se a:

a) indução nas bactérias de resistência aos antibióticos.

b) convivência de diversos portadores de diversos tipos de infecção.

c) seleção de linhagens de bactérias resistentes aos antibióticos.

d) rejeição dos antibióticos pelo organismo humano.

e) tendência da bactéria a se habituar aos antibióticos.

9 Dê um exemplo de seleção artificial feita pelo ser humano.

10 (FUVEST/SP) O DDT, quando foi introduzido no mercado, era extremamente eficaz no controle de insetos. Entretanto, depois de certo tempo, sua eficiência diminuiu. Qual a explicação do fenômeno?

Capítulo 5

O MUNDO MODERNO

Cidade com arquitetura do tipo colonial.

Imagem de cidade futurista idealizada.

Quem nasceu nas décadas de 1940, 1950 e 1960 sempre viu nos meios de comunicação, cinema, televisão, rádio, e nos romances de antecipação um futuro não muito distante como aquele desenhado nos filmes O quinto elemento ou Blade Runner, o caçador de androides, cidades e metálicas e um pesado trânsito aéreo, com carros e táxis voadores como os dos Jetsons.

Esse futuro parece ter chegado muito rápido, e tudo aquilo que se anunciava parece não ter acontecido. Basta lembrar outro filme: 2001, uma odisseia no espaço. O ano de 2001 já passou e muito do filme não aconteceu.

O filme 2001, uma odisseia no espaço (1968) foi feito a partir do conto "A sentinela", escrito por Arthur C. Clarke, em 1948, e publicado em 1951.

Não que a imaginação, ou previsão, ou ainda a antecipação de alguns pensadores não se transformasse em realidade.

Leonardo da Vinci (1452-1519), por exemplo, desenhando ou construindo, propôs inventos como o submarino, a hélice, o helicóptero, a bicicleta, o tanque de guerra, a metralhadora e muito mais.

Leonardo é conhecido principalmente como pintor. Duas de suas obras, A Mona Lisa e A última ceia, estão entre as pinturas mais famosas, mais reproduzidas e mais parodiadas de todos os tempos.

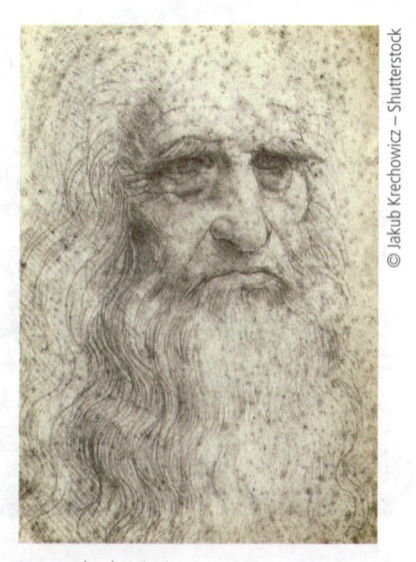

Leonardo da Vinci.

A Mona Lisa de Leonardo da Vinci em selo postal da Alemanha.

Júlio Verne (1828/1905), em seus engenhosos romances (um dos mais brilhantes é *vinte mil léguas submarinas*, de 1869), anteviu a viagem à Lua, a televisão, o gravador, a Internet e a energia atômica como combustível.

É espantoso comparar as semelhanças e os detalhes do romance *Da Terra à Lua*, escrito por Júlio Verne em 1865, com a chegada dos três norte-americanos à Lua em 1969, mais de cem anos depois

Se o tempo avançou sem as imagens futuristas dos filmes e o futuro "chegou mais devagar", a ciência e a tecnologia foram avançando inexoravelmente e mesmo e, mesmo de forma sutil, tem injetado a modernidade em nosso dia a dia, traduzindo a maioria das descobertas em desenvolvimento, saúde e conforto.

O homem pisou na Lua em 1969, concretizando o sonho imaginado por muitos anos antes.

Talvez seja esse o futuro que nos foi reservado e, não fosse a globalização da cobiça pelo poder, a globalização da intolerância com as diferenças, o mundo seria muito menos caótico e competitivo, principalmente com tantas outras riquezas para preencher as ambições humanas.

O conforto, a ciência e a tecnologia

Numa linha do tempo, saiba como tudo evoluiu para desfrutarmos do desenvolvimento:

105 – Papel; chineses.
1455 – Tipografia; Johannes Gutemberg.
1595 – Microscópio; Johan e Zacharias Jansen.
1608 – Telescópio; Galileu Galilei.
1656 – Relógio de pêndulo; Christian Huygens.
1665 – Célula; Robert Hooke.

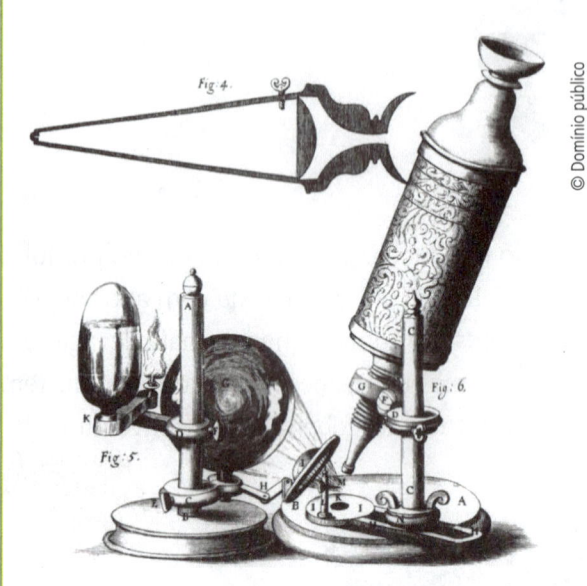

O microscópio de Robert Hooke.

1666 – Atração gravitacional; Isaac Newton.

Isaac Newton.

1752 – Eletricidade; Benjamin Franklin.
1768 – Máquina a vapor; James Watt.
1785 – Tear mecânico; James Cartwright.
1795 – Bicicleta; Count de Sivrae.
1796 – Vacina (antivariólica); Edward Jenner.
1797 – Máquina de lavar roupa; Nathaniel Briggs.
1800 – Pilha seca; A. Volta/ De Luc/ Zamboni.
1802 – Fogão a gás; Zachaus A. Winzler.
1809 – Alimentos em conserva; Nicolas Appert.
1814 – Revólver; Samuel Colt.
1814 – Locomotiva; Robert Stephenson.
1816/26 – Fotografia; Joseph Niépce.
1823 – Estrada de ferro; Robert Stephenson.
1826 – Palito de fósforo; John Walker.
1829 – Leitura para cegos; Louis Braille.
1830 – Aperfeiçoamento da fotografia; Louis Daguerre.
1834 – Compressor para refrigeração; Jacob Perkins.
1835 – Negativo fotográfico; Fox Talbot.
1837 – Telégrafo; Samuel Morse.
1839 – Vulcanização da borracha; Charles Goodyear.
1838 – Motor a explosão; William Barnett.
1846 – Anestesia cirúrgica; William Morton.
1850 – Jeans; Lévi–Strauss.
1853 – Elevador; Elis Graves Otis.
1853 – Máquina de costura; Issac M. Singer.
1854 – Aço; Henry Bessemer.
1857 – Pasteurização; Louis Pasteur.
1859 – *A origem das espécies*; Charles Darwin.
1865 – Leis da genética; Gregor Mendel.
1867 – Dinamite: Alfred Nobel.
1867 – Máquina de escrever; Christopher Sholes.
1876 – Telefone; A. Graham Bell.
1879 – Lâmpada elétrica; Thomas A. Edison.
1882 – Ferro elétrico; Henry W. Seely.
1884 – Caneta–tinteiro; Lewis E. Watermen.
1885 – Motocicleta; Gottlieb Daimler.
1886 – Coca-cola; John Pemberton.
1887 – Gramofone de cilindro; Emil Berliner.
1888 – Filme fotográfico de rolo; George Eastman.
1889 – Fonógrafo de cilindro; vários.
1890 – Automóvel; Karl Benz / Gottlieb Daimler.
1892 – Escada rolante; Jessé W. Reno / George H. Wheeler
1893 – Zíper; Whitcomb Judson.
1895 – Raios X; Wilhelm K. Röentgen.
1895 – Cinematógrafo; irmãos Lumière.
1899 – Aspirina; Felix Hoffmann (Bayer).
1899 – Dirigível; Ferdinand Zeppelin.
1899 – Clipe para papel; Johan Vaaler.
1901 – Lâmpada fluorescente; P. Cooper Hewitt.

1901 – Gramofone de superfície plana; E. Gram-O-Phone.
1901 – Aspirador de pó; Hubert Booth.
1901 – Rádio; Guglielmo Marconi.
1902 – Ar-condicionado; Willis Carrier.
1903 – Radioatividade; Marrie e Pierre Curie.
1905 – Teoria da relatividade; Albert Einstein.
1906 – Avião (14 Bis); Alberto Santos Dumont
1907 – Relógio de pulso; Alberto Santos Dumont.
1907 – Plástico (baquelite); Leo Baekeland.
1908 – Automóvel em série; Henry Ford.
1910 – Luz de néon; George Claude.
1911 – Estrutura do átomo; E. Rutherford / H. Geiger /Mardsen.
1916 – Sonar; Paul Laugevin.
1923 – Geladeira/General Eletric (EUA).
1923-26 – Televisão; V. Zworykin / John L. Baird.
1924-25 – Radar; E. Appleton / G. Brist / R. A. Waatson.
1927 – Teoria do *Big Bang* – Georges Lemaitre.
1928 – Penicilina; Alexander Fleming.
1930 – Volkswagen; Ferdinand Porsche.
1934 – Gravador de som em fita; Telefunken e Basf.
1935 – Náilon; G. Berchet / W. Carothers.
1937 – Xerografia; Chester Carlson.
1937/38 – Teflon; Du Pont.
1939 – Avião a jato; Alemanha.
1939 – Helicóptero; Igor Sikorsky.
1942 – Garrafa de mergulho; Jacques Cousteau.
1942 – Reação nuclear em cadeia; Enrico Fermi.
1943 – Diálise; Willem Kolff.
1943 – Caneta esferográfica; Ladislao Biro.
1945 – Holografia; Dennis Gabor.
1945 – Bomba atômica; Estados Unidos.
1946 – Forno micro-ondas; Percy Le Baron Spencer.
1946 – Computador eletrônico; J. Eckert / J. Mauchly.
1947 – Transistor; Laboratórios Bell.
1948 – Microscópio eletrônico; James Hillier.

1948/49 – *Disco long-play* (LP); Peter Goldmak.
1950/60 – Pílula anticoncepcional; Carl Djerassi / Luiz Miramontes.
1950 – Cartão de crédito; Ralph Schneider.
1953 – Estrutura da molécula do DNA; Francis Crick / James Watson.
1954 – Televisão em cores; CBS (EUA).
1957 – Satélite artificial (Sputnik I); ex-União Soviética.
1957 – Coração artificial; Willem Kolff.
1958-60 – *Laser*; A. L. Schalow / C. H. Townes.
1958 – Fotocópia; Chester F. Carlson.
1961 – Máquina de escrever elétrica; IBM (EUA).
1963 – Gravador de fita cassete; Philips.
1964/65 – Minissaia; Mary Quant.
1966 – Fibra óptica; ITT (EUA).
1969 – Apolo 11 chega à Lua; NASA (EUA).
1970 – *Video game*; Noland Bushchnel.
1970 – Tomografia computadorizada; G. Hounsfield / A. Cormack.
1975 – Videocassete Betamax; Sony.
1977 – Videocassete VHS; JVC.
1978 – Bebê de proveta; Inglaterra.
1979 – *Walkman*; Akyo Morita.
1981 – Ônibus espacial (Columbia); NASA (EUA).
1982 – *Compact Disc* (CD); Sony.
1982 – *Laser Disc* (LD); Pioneer.
1983 – Telefone celular; Martin Cooper.
1984 – Secretária eletrônica; Valdemar Poulsen.
1995 – *Digital Versatile Disc* (DVD); *pool* de empresas.
1996 – Câmera fotográfica digital; Casio.
1998 – Televisão digital; Estados Unidos.
1999 – Nascem os MP3.
2005 – Telas com tecnologia LCD de 40 e 45 polegadas são oferecidas ao mercado.
2010 – Aparelhos com tecnologia 3D chegam ao mercado.

Microscópio eletrônico.

Televisão com tecnologia 3D.

Ciência e tecnologia não trouxeram apenas conforto e bem-estar para a humanidade, carregaram também para os nossos dias temor e instabilidade.

Não bastassem as armas já conhecidas, cada vez mais as superpotências investem num arsenal devastador. Com a desculpa de que os seus inimigos políticos estão se armando, alguns países produzem armas mais e mais arrasadoras, precisas e com mínimas chances de defesa.

As fortunas investidas nos armamentos poderiam subvencionar importantes pesquisas médicas, como uma vacina contra o HIV, causador da Aids, medicamentos para combater o câncer, ou mesmo verminoses e protozooses ainda sem cura. A esquistossomose e a doença de Chagas servem bem como exemplo.

Cada míssil "inteligente" Tomahawk que é lançado dos navios norte-americanos custa quase um milhão de dólares. Só no primeiro dia da Segunda Guerra do Golfo, os Estados Unidos despejaram mais de 50 desses mísseis sobre Bagdá, a capital iraqueana.

De acordo com algumas estatísticas, o custo da indústria bélica é de quase 1 trilhão de dólares por ano.

Cada uma das potências nucleares (Estados Unidos, Rússia, China, França e Reino Unido, além de Israel, Índia, Paquistão e Coreia do Norte) possui silos com milhares de mísseis balísticos com cargas nucleares.

De vez em quando, as superpotências desativam muitos desses mísseis nucleares; entretanto, os que sobram são cada vez mais potentes e sofisticados. Portanto, é o equilíbrio pelo medo.

Um botão pressionado por engano levaria, em poucos minutos, a uma retaliação inimiga. Cada um dos arsenais nucleares das superpotências tem um poderio para destruir o planeta várias vezes.

Bomba atômica que explodiu no Japão em 1945.

A capacidade de destruição dos artefatos nucleares é medida em toneladas de TNT, o trinitrotolueno, um explosivo. As bombas atômicas jogadas, em 1945, sobre as cidades japonesas de Hiroshima e Nagasaki tinham 36 mil quilotons. Cada quiloton representa a energia que mil toneladas de TNT liberariam ao explodir, e um megaton equivale à energia da explosão de um milhão de toneladas de TNT.

A supremacia militar pode ser útil, por mais esmagadora que seja, para resolver questões militares, mas não questões meramente políticas. Por outro lado, pode estimular o papel de polícia do mundo ao(s) país(es) que a possui(em), o que representa alguns passos antes de um perigoso totalitarismo.

Será que, para o ser humano, é mais difícil usar a tecnologia para promover a paz do que para fazer a guerra?

Você sabia?

Lixo espacial

Hoje, várias décadas após o lançamento do Sputnik em 1957, os "dejetos" (ou "lixo") gravitando em torno de nosso planeta já são em tão grande número (e o número deles cresce cada vez mais) que têm ameaçado a segurança de nossos astronautas, naves, satélites etc.; e, em alguns casos, já têm até ameaçado a nossa segurança em terra. Por outro lado, o nosso conhecimento astronáutico chegou a um nível que nos permite investir na procura de soluções práticas e economicamente viáveis para o problema, sem determos nosso desbravamento espacial.

Em 22 de março de 2008, um estranho objeto, com um metro de diâmetro, caiu a cerca de 150 metros da sede de uma fazenda em Montividiu, interior de Goiás.

Seria sobra de algum satélite ou foguete? Possivelmente um tanque de combustível?

Essa não é a primeira vez que registramos a queda de lixo espacial em território brasileiro. Em 1995, por exemplo, fragmentos de um satélite chinês de comunicação caíram no interior de São Paulo, no município de Itapira. Em 1966, um tanque de combustível de um foguete Saturno, com um metro de diâmetro caiu na costa do Pará, sendo achado por pescadores.

Pesquisadores estimam que na órbita da Terra circulam mais de 700 mil pedaços de lixo espacial.

Nada tão "espetacular", entretanto, quanto o ocorrido na madrugada de 11 de março de 1978, quando partes de um foguete soviético reentraram na atmosfera acima da cidade do Rio de Janeiro e caíram no Oceano Atlântico. Foi um belo espetáculo. Inúmeros fragmentos, entrando em ignição devido ao atrito com a atmosfera, brilharam intensamente, enquanto "cortavam o céu". Mas se a reentrada tivesse acontecido alguns minutos depois teríamos uma tragédia, pois a queda seria na área urbana do Rio e não no oceano. Em fevereiro de 2008, um satélite norte americano desgovernado (usado para espionagem) foi destruído por um míssil, felizmente com "sucesso", antes que caísse sobre alguma região de nosso planeta. Esse satélite estava carregado com hidrazina, elemento altamente tóxico. A queda desse satélite em área habitada poderia levar a um número incalculável de mortes. A sua explosão, entretanto, produziu um número incalculável de dejetos e detritos que estão orbitando nosso planeta a baixas altitudes. Em março de 2001 a estação espacial russa Mir, de 120 toneladas, voltou ao nosso planeta em uma queda controlada. Várias partes, algumas com muitas toneladas, caíram no Oceano Pacífico Sul, a leste da Nova Zelândia, uma área designada por tratados internacionais como nosso "lixão" espacial.

O "lixo espacial" que mais deixou os cientistas apreensivos foi, sem dúvida alguma, a estação espacial norte-americana Skylab, de 69 toneladas, que em julho de 1979 caiu quase que totalmente descontrolada na Terra. Várias de suas partes atingiram o oeste da Austrália e o Oceano Índico. Cerca de quatro anos antes, um estágio de 38 toneladas do foguete Saturno II, que lançou a Skylab, já havia causado apreensão ao cair, também descontroladamente, no Oceano Atlântico, ao sul dos Açores.

Casos como esses, em que temos nossas vidas ameaçadas por lixo espacial, por enquanto ainda são poucos. Entretanto esses corpos, ameaçando nossos satélites, também ameaçam nossas pesquisas, comunicações, informação, economia etc.; e essa ameaça é diária.

Os números não são precisos, mas segundo levantamento efetuado pela Nasa (Agência Espacial Norte Americana), calcula-se que existam por volta de 3,5 milhões de resíduos metálicos, lascas de pintura, plásticos etc., com dimensões inferiores a um centímetro, orbitando nosso planeta. Objetos entre um e dez centímetros, nessas mesmas condições, devem ser cerca de 17,5 mil e 7 mil com tamanhos maiores que dez centímetros. No total, devemos ter mais de três mil toneladas de lixo espacial orbitando nosso planeta a menos de 200 quilômetros de altitude.

Até mesmo partículas ínfimas como pequeníssimas lascas de pintura, podem danificar irremediavelmente uma nave ou um satélite ou mesmo matar um astronauta devido às altíssimas velocidades que adquirem. A velocidade média desses dejetos é da ordem de 25 mil km/h.

Esfera encontrada em Anapurus, São Luis do Maranhão, Brasil.

Tanque propulsor de espaçonave de 250 kg encontrado no Texas.

Por: prof. Renato Las Casa.

Disponível em: <http://www.observatorio.ufmg.br/Pas81.htm>. Acesso em: ago. 2012.

O futuro do planeta

Um programa da ONU (Organização das Nações Unidas) para o meio ambiente, o PNUMA, divulgou, em 2002, um relatório que prevê a destruição e o esgotamento de 70% da superfície terrestre em 30 anos, principalmente se o ritmo de exploração desenfreada continuar nos moldes atuais.

É preciso se preocupar com a mineração, com a abertura de estradas, com o revestimento impermeável de asfalto e concreto das cidades, com a industrialização e o consequente acúmulo de gases nocivos, com o aumento da temperatura nos centros urbanos etc. Talvez uma das maiores preocupações seja a futura escassez de água, que, hoje, aflige pelo menos 40% da humanidade.

Como resolver o problema do aumento de calor gerado nas cidades, pelo efeito estufa, se muitos países nem assinaram o Protocolo de Kyoto, documento de intenção entre 180 nações para reduzir as emissões de CO_2 e outros gases-estufa, além de sugerir a substituição dos derivados de petróleo pelo uso de outras fontes de energia?

Os Estados Unidos, maior emissor de CO_2 para a atmosfera (30,3% da produção mundial), ainda não assinou o Protocolo de Kyoto.

Cada vez mais, o excesso de CO_2 eliminado pelo ser humano é absorvido pelos oceanos, provocando sérios problemas de redução da biodiversidade marinha.

Um relatório das Nações Unidas sobre os centros urbanos no mundo, divulgado em Londres, diz que o número de moradores nas favelas brasileiras deve subir para 55 milhões em 2020, o que seria equivalente a 25% da população do país, de acordo com projeções demográficas feitas pelo IBGE. Esse relatório elogia diversos programas sociais brasileiros, mas alerta que a vida de quem vive nas favelas continua piorando e que os velhos preconceitos não mudaram.

Uma proposta dos especialistas para evitar um desastre planetário a médio prazo seria o desenvolvimento sustentável no lugar do lucro imediato, isto é, a exploração de baixo impacto e não a exploração ambiental predatória. Afinal, nosso mundo não é inesgotável.

Sustentabilidade está ligada às formas de produção da sociedade que garantam o bem-estar do ser humano em todos os aspectos, utilizando os recursos naturais de modo que eles se mantenham no futuro.

Discutir sustentabilidade é falar de:

- Reflorestamento e revegetação de áreas desmatadas;
- Reciclagem de materiais;
- Não desperdiçar os materiais (água, energia) e consumir de maneira consciente todos os produtos;
- Criar leis que garantam cada vez mais a não agressão à natureza;
- Adoção de atitudes de respeito à natureza pelos indivíduos, empresas e governos;
- Consumo consciente de produtos que não agridem o meio ambiente para serem fabricados e que são desnecessários.

Lixo: consumo sustentável

A geração de lixo está ligada direta e proporcionalmente ao nosso consumo. Quanto mais consumimos e quanto mais recursos naturais utilizamos, mais lixos produzimos. Estima-se que a população mundial, hoje com mais de 7 bilhões de habitantes, esteja gerando 30 milhões de toneladas de lixo por ano. Uma pequena parte de nosso lixo é reciclada.

Mais de 70% acabam depositados nos lixões a céu aberto. Os países desenvolvidos consomem muitos recursos naturais que os países em via de desenvolvimento, geram, portanto, mais lixo. Na realidade, as montanhas de lixo são um ótimo exemplo de um estilo de vida não sustentável.

Um dos grandes problemas ambientais de hoje é que temos que saber lidar com as sobras do lixo do consumismo.

A estratégia da política econômica mundial, com destaque para os chineses, é aumentar a venda de supérfluos também para os países de renda baixa, que são maioria, diminuindo a qualidade, mas ganhando na quantidade vendida por unidade de produto, o que deve gerar ainda mais lixo (plásticos, sobretudo).

A quantidade de lixo produzido pela sociedade reflete o consumo desenfreado de bens e materiais.

O desafio na gestão de resíduos sólidos implica numa mudança radical nos processos de coleta e disposição de resíduos. Os novos sistemas de tratamento de lixo devem ter como prioridade a montagem de um sistema circular, onde a quantidade de resíduos a serem reaproveitados dentro do sistema produtivo seja cada vez maior e a quantidade a ser disposta no ambiente cada vez menor, bem como uma diminuição dos resíduos produzidos nas fontes geradoras.

Depende de nós, consumidores conscientes, conhecer e solicitar mais informações dos caminhos do produto desde a sua origem até o momento de chegar a sua casa. Ser um consumidor cidadão é escolher um produto de menor impacto ambiental, ajudando a minimizar o problema do lixo.

Interessante pesquisa mostra que nos países de baixa renda mais da metade dos resíduos equivale ao lixo orgânico de origem vegetal, que poderia ser facilmente reciclado, compostado e transformado, inclusive, em adubos e fonte de energia. Todavia, hoje o lixo orgânico é a principal causa de poluição da água, lençol freático e do solo. Isso tudo por falta de interesse econômico na mudança. Nos grandes centros urbanos, como as companhias que recolhem o lixo público são, majoritariamente, terceirizadas e cobram por tonelada de lixo coletado, diminuir a quantidade de lixo é prejuízo para elas.

Por sua vez, nos países de alta renda predomina o lixo "de luxo", como resíduos de papel descartável, latas de alumínio, eletroeletrônicos, pilhas, celulares, automóveis, além de resíduos de medicamentos da indústria de remédios e agrotóxicos. Sobre esse lixo, já se criou um novo mercado que movimenta cifras monetárias significativas e envolve milhões de catadores nos grandes centros. Os catadores já são responsáveis por mais de 70% da coleta desse tipo de lixo, e graças a eles as cidades não viram uma montanha de lixo.

Para as empresas que estão aperfeiçoando cada vez mais as embalagens e vendendo o mesmo produto, o custo da reciclagem (embalagem retornável) muitas vezes é mais um incômodo do que uma facilidade.

Assim, o lixo representa o fiel retrato da sociedade que o gera e quando exposto em locais públicos mostra o nível de competência das pessoas ou empresas responsáveis por sua administração.

Como na natureza, tudo se transforma nada é desperdiçado, pois a natureza não gera lixo, depende de nós ajudarmos nesse enorme desafio.

Em geral, os países mais desenvolvidos produzem mais lixo domiciliar per capita (quilos por dia). Veja os países abaixo que mais produzem lixo (por habitante):

Estados Unidos da América	3,2
Itália	1,5
Holanda	1,3
Japão	1,1
Brasil	1,0
Grécia	0,8
Portugal	0,6

Fonte dos dados: OMS (Organização Mundial de Saúde e Meio Ambiente)
Disponível em: <http://www.procon.rj.gov.br/lixo1.html>. Acesso em: ago. 2012.

ATIVIDADES

1 Considerado o pai da ficção científica moderna, Júlio Verne demonstrou interesse pela Literatura ainda muito jovem. Estudou Direito para agradar ao pai, mas jamais exerceu a profissão.

Ele foi escritor, ensaísta e escreveu também para o teatro, tornou-se famoso por suas obras nas quais previu inúmeros eventos.

a) Escreva quatro desses inventos.

___

b) Dê os nomes de duas de suas obras.

___

2 Complete as frases:

a) Johan e Zacharias Jansen elaboraram o _____

b) Galileu Galilei elaborou o _____

c) Robert Hooke observou a pela primeira vez uma _____

d) O pai da genética foi _____

3) Associe:

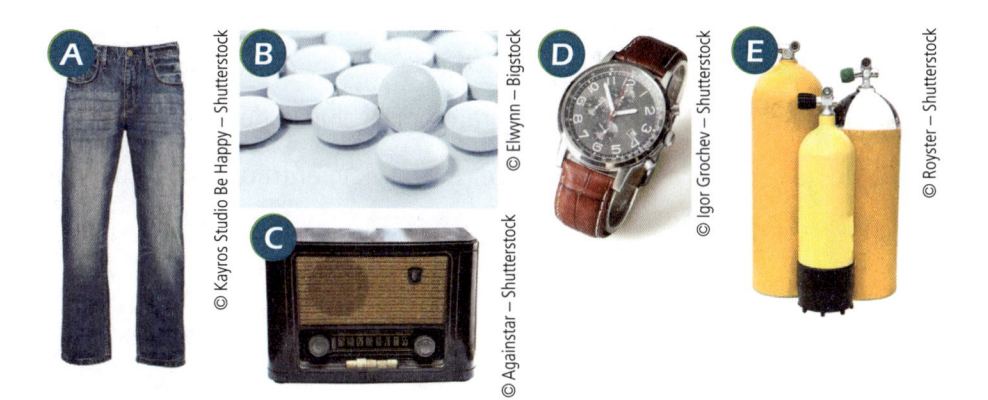

( ) Alberto Santos Dumont.

( ) Jacques Cousteau.

( ) Lévi-Strauss.

( ) Felix Hoffmann (Bayer)

( ) Guglielmo Marconi

4) Leia e responda:

Ele foi descoberto por acaso por um médico escocês, em 1928. Enquanto estudava a *Staphylococcus aureus*, bactéria responsável por abscessos, o cientista esqueceu aberto um recipiente que continha os micro-organismos. Depois de uns dias, ele percebeu que o mofo existente no ar, que tinha contaminado a cultura de bactérias, impedia que estas continuassem crescendo e morriam. Daí, ele entendeu que o bolor fabricava uma substância que destruía as bactérias. Essa foi a base para sua criação, que veio a ser comercializada somente depois de 1945.

a) O texto se refere a qual descoberta?

b) Qual o nome do médico citado no texto?

5) O ano de 1995 marcou o centenário da morte do pesquisador Louis Pasteur. Diversos eventos científicos ocorreram no mundo todo, inclusive no Brasil, em homenagem a este grande cientista. Dentre as contribuições de Pasteur à ciência moderna, podemos destacar a(o):

a) descoberta das regras básicas da hereditariedade.

b) observação de que as espécies atuais surgiram por evolução das espécies ancestrais.

c) observação de que as células podem crescer e se dividir, enfraquecendo as teorias vitalistas.

d) o processo de pasteurização.

e) reconhecimento da célula como a unidade básica da vida.

6) Leia o texto e responda:

Edward Jenner, um médico inglês, observou no final do século XVIII que um número expressivo de pessoas mostrava-se imune à varíola. Todas eram ordenhadoras e tinham se contaminado com "cowpox", uma doença do gado semelhante à varíola pela formação de pústulas, mas que não causava a morte dos animais. Após uma série de experiências, constatou que esses indivíduos mantinham-se refratários à varíola, mesmo quando inoculados com o vírus.

(Disponível em <www.bio.fiocruz.br>.)

Que tipo de produto (medicamento) pode ser produzido a partir da experiência relatada no texto? Justifique.

___

___

___

7) Observe a tirinha e responda.

a) Que cientista está retratado na tirinha?

___

___

b) Explique a teoria desenvolvida por ele.

8) Enquanto a cerimônia de abertura do Ano Internacional da Química de 2011 (AIQ-2011) era realizada, na sede da Organização das Nações Unidas para a Educação, a Ciência e a Cultura (Unesco), em Paris, a "ala feminina" da comunidade internacional de químicos já havia iniciado suas atividades. Pesquisadoras da área de química de pelo menos 37 países se reuniram em diferentes partes do planeta – por videoconferência, Skype e Twitter – para um café da manhã mundial em homenagem à cientista polonesa Marie Curie (1867-1934), que há cem anos conquistava o Prêmio Nobel de Química. A pesquisadora radicada na França foi a primeira pessoa a ser laureada duas vezes – ela já havia recebido o Prêmio Nobel de Física em 1903.

a) Marie Curie, famosa física polonesa, recebeu os prêmios devido a qual descoberta?

b) Pesquise a respeito de suas descobertas.

9) Pensando nas práticas de desenvolvimento sustentável, liste aquelas que você já pratica.

Capítulo 16

INFORMÁTICA

> **Mutum!!** Vai ficar o dia inteiro à toa aí, neste computador? Não deveria estar estudando?

> Ei! "À toa", não estou, não! Posso não estar estudando, mas sou um cara muito ocupado, viu?

> Afinal, com Orkut, Facebook, Twitter, MSN, Skype, blogs, jogos on line e afins... quando é que vou ter tempo pra estudar?

© Moises-Gonçalves

Se os enormes computadores, criados em meados dos anos de 1940, já foram substituídos por máquinas inteligentes do tamanho de cadernos, como os *notebooks*, ou tão pequenas como calculadoras, os *palmtops*, os *tablets* não deve estar longe o dia em que o teclado e o *mouse* não serão essenciais, pois conversaremos com os nossos computadores, que estarão integrados a todos os outros equipamentos que usarmos.

Com a globalização, também acelerada pela tecnologia, quebraram-se barreiras políticas, sociais e até geográficas. Encurtaram-se as distâncias, aumentou-se vertiginosamente a velocidade da comunicação entre todas as latitudes e longitudes do planeta, além de serem reunidos, numa só informação, imagem, som e dados, tudo com muita velocidade.

A informática ainda não foi, pelo seu custo, tão popularizada. Muitos povos do planeta ainda sofrem a exclusão digital. Os dados do primeiro trimestre de 2012 indicavam que no Brasil os usuários de internet eram 82,4 milhões de pessoas. Se subtrairmos esse número do total da população brasileira, sobram ainda mais de 100 milhões de pessoas sem acesso a rede mundial de computadores.

Computador.

Laptop (do inglês *lap* = colo, *top* = em cima).

Quando a imagem, o som e a transmissão de dados forem uma coisa só, e muito mais barata, talvez o mundo seja um só. Essa civilização global poderá ser tecnologicamente mais saudável, ampliando a capacidade de adaptação humana, mas é muito provável que as nuanças regionais de história, cultura e modo de vida se descaracterizem. Teme-se que gerações futuras venham a cultivar uma só história, uma só cultura e um único e monótono modo de vida.

O que mais atemoriza é que esse barateamento do custo tecnológico pode levar a um monopólio, ou a alguns monopólios, concentrando cada vez mais a riqueza nas mãos de poucos.

Como a radioatividade, a informática permite, cada vez mais, que ciência e tecnologia sejam aliadas do ser humano no sentido de melhorar sobremaneira nossa qualidade de vida. Porém, como a radioatividade, a informática também pode ser uma arma devastadora numa sociedade imoral.

Comunicação virtual

O computador é uma máquina capaz de codificar milhões de informações por meio de um **sistema binário**, com os dígitos 0 e 1.

Sistema decimal	1	2	3	4	5	6	7	8	9	10	etc.
Sistema binário	0001	0010	0011	0100	0101	0110	0111	1000	1001	1010	etc.

Cada unidade de informação é um bit, a base da linguagem empregada no computador.

À máquina e seus elementos materiais denominamos **hardware** e o programa usado no computador chama-se **software**.

Se determinada letra do nosso alfabeto tiver uma representação binária 01000001, dizemos que são oito dígitos e, portanto, 8 bits. Cada oito bits em conjunto é um **byte.**

1B (byte) = 8 bits

Outras unidades de informação:

- 1 quilobyte (KB) = 1024 bytes ;
- 1 megabyte (MB) = 1024 quilobytes;
- 1 gigabyte (GB) = 1024 megabytes.

A **memória** do computador, ou seja, sua capacidade de armazenar dados, está representada pelas unidades de informação relacionadas anteriormente.

Existem dois tipos de memórias em um computador:

- ROM é a mais utilizada para disquetes e CD-ROM.
- RAM é a mais utilizada para as outras funções.

Vírus são programas invasores que entram em nossos computadores, geralmente pelo correio eletrônico, quando abrimos e-mails desconexos ou sem sentido.

Os **cavalos de troia** não possuem instruções de autorreplicação, mas podem causar, como os vírus, vários estragos num computador, desligando-o, travando-o ou destruindo arquivos inteiros.

Mais difíceis de combater são os **spywares**, segmentos de código que se ocultam na máquina e devem ser removidos um a um.

Além de sua memória, que pode ser montada de acordo com a necessidade do usuário, uma boa máquina deve processar os dados ou informações com grande rapidez.

A velocidade do processamento depende do tipo de chip ou microprocessador que a máquina utiliza. Os microchips são formados por transistores, onde encontramos o elemento **silício**, um condutor de eletricidade.

No início, um microprocessador tinha poucos transistores; agora, cada um pode ter milhões deles.

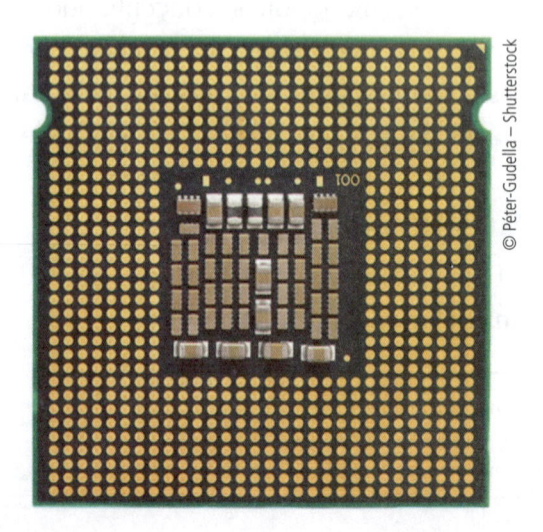

Microprocessadores ampliados.

A velocidade de processamento pode ser medida em **megahertz** (MHz) ou em **gigahertz** (GH). O megahertz equivale a um milhão de hertz (Hz) ou um milhão de ciclos por segundo. O gigahertz equivale a um bilhão de Hz ou um bilhão de ciclos por segundo.

Os computadores evoluíram assim:

1936 – Computador eletromecânico.
1946 – Computador eletrônico; J. J. Eckert / J. J. Mauchly.
1951 – Primeiro computador comercial.
1959 – Primeiro chip de silício.
1969 – Arpanet (futura Internet); Estados Unidos.
1971 – Microprocessador múltiplo.
1974 – Computador pessoal (PC).
1975 – Impressora a laser.
1976 – Impressora a jato de tinta.
1983 – Windows.
1987 – Internet comercial (rede mundial de computadores).
1988 – Primeiro "vírus" (Internet worm).
1989 – Laptop.
1991 – www (World Wide Web).
1993 – Palm top.
1996 – Internet Explorer.
1998 – Lançado no Brasil os primeiros DVDs.
1998 – Google.
1998 – Gameboy Color da Nitendo.

1999 – A Internet cresce no Mundo todo em velocidade impressionante. Os arquivos de MP3 começam a ser usados e transmitidos pelas ondas da Internet. Nascem os MP3.
2000 – Windows 2000
2000 – Playstation 2 (Japão EUA)
2001 – Wikipedia – Windows Xp
2004 – Orkut e Facebook

O Orkut é uma rede social filiada ao Google, criada em 24 de Janeiro de 2004. Facebook é uma rede social lançada em 4 de fevereiro de 2004.

2006 – Surge o conceito de Web 2.0. Apple lança o iPod Nano, o menor iPod com tela LCD e o iPod Video, com capacidade de armazenamento de até 80 GB.

Microsoft lança o Windows Vista para uso corporativo.

2007 – Microsoft lança o Windows Vista para uso doméstico.
2009 – Microsoft lança Windows 7.

iPhone.

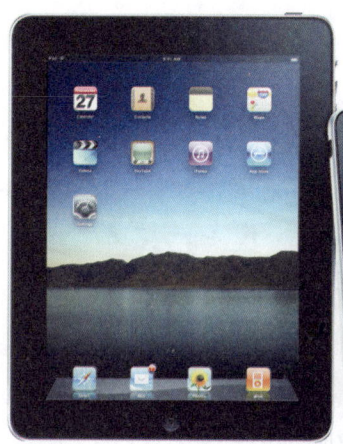

iPad.

O iPhone é um telefone, um smartphone, uma espécie de computador e mais portátil que o iPad. Com ele você pode falar, organizar sua vida, navegar na internet e baixar inúmeros aplicativos da loja da Apple com as mais diversas funções.

O iPad é um aparelho tablet da empresa estadunidense Apple que tem quase as mesmas funções de um computador, como ferramentas e acesso à internet. Pode ser usado para ouvir músicas, assistir a vídeos, ver fotos, ler livros, entre outros.

Um tablete gráfico (ou digitalizador no Brasil) é um dispositivo periférico de computador que permite a alguém desenhar imagens diretamente no computador.

Máquinas inteligentes e robótica

Quando assistimos a antigos filmes de ficção científica observamos que os robôs quase sempre apresentam forma humana. Sugerem os especialistas que a forma antropomórfica dos robôs seria uma manifestação da solidão humana que, desse modo, encontraria companhia nessas máquinas pseudo-humanas.

Entretanto, os robôs fabricados atualmente têm formas e funções muito diferentes de tudo aquilo que mostrava o cinema fantástico de décadas passadas, atendendo a muitas de nossas necessidades.

Os robôs, máquinas reprogramáveis e multifuncionais, podem ser classificados assim:

- **Manipuladores:** sistemas mecânicos como os braços, que "trabalham" nas linhas de montagem das indústrias, que auxiliam em microcirurgias ou que procuram explosivos para os departamentos antibombas.

- **Controlados (por computador):** repetem as informações armazenadas na memória, sem interagir ou tomar decisões.

- **Inteligentes:** ainda em desenvolvimento, esses robôs serão capazes de interagir conosco, "tomando decisões", de acordo com as circunstâncias.

Robô antibomba que será usado na Copa do Mundo de 2014.

Você sabia?

Prédios inteligentes

Os sistemas de energia, as luzes, a água, os elevadores, a energia e refrigeração para tecnologia, o aquecimento e refrigeração das pessoas: tudo isso contribui para fazer dos prédios fontes respeitáveis de emissão de gases estufa – e importantes usuários de energia. Na verdade, em 2025 os prédios vão usar mais energia do que qualquer outra categoria de "consumidor" (hoje nos Estados Unidos eles já representam 70% do consumo de energia).

Eldorado Business Tower, em São Paulo, utiliza o conceito de "prédios inteligentes" que, entre outras coisas, faz o tratamento da água da chuva para utilização posterior.

Em resumo, prédios são caros – tanto em termos de custo de aquisição quanto de custos operacionais, e também quanto ao que custam ao planeta.

De duas décadas para cá, tem sido cada vez mais frequente a adoção nos projetos de construção do conceito de prédios inteligentes.

Os "prédios inteligentes" se caracterizam pelo uso da tecnologia para criar uma estrutura sustentável tendo em vista fatores como conforto, segurança, comunicação, economia de recursos e respeito ao ambiente.

A diminuição de custos de manutenção é ponto chave. As fachadas de vidro escondem geradores de energia movidos a gás natural, sistema de reaproveitamento da água da chuva e instalação elétrica que faz com que a luz de uma sala aumente de intensidade automaticamente quando alguém fecha a persiana da janela.

Computadores monitoram a temperatura dos ambientes e controlam o sistema de ar-condicionado para que não haja desperdício de energia. Os elevadores funcionam com o sistema de antecipação de destino, cujo objetivo é diminuir o tempo de espera dos usuários e o deslocamento pelos andares.

Adaptado de <http://g1.globo.com/Noticias/Tecnologia/0,,MUL389106-6174,00-PREDIOS+INTELIGENTES+ENXERGAM+PESSOAS+PARA+CONTROLAR+TEMPERATURA+E+LUZ.html> e <http://www.ibm.com/smarterplanet/br/pt/green_buildings/ideas/index.html>. Acesso em: ago./2012.

O escritor Isaac Asimov (1920-1984), criador do romance *Eu robô* (1950), teria estabelecido, em 1942, as três leis da robótica: um robô não pode ferir o ser humano ou permitir que ele seja ferido; não deve desobedecer ordens dadas pelos humanos, desde que não contrariem a primeira lei; deve proteger a si mesmo, a menos que vá de encontro às duas primeiras leis.

A tecnologia de robôs, como o HAL 9000, do filme *2001, Uma odisséia no espaço*, os engraçados C3PO e R2D2, de *Guerra nas estrelas*, ou mesmo como os replicantes de *Blade Runner*, ainda deve estar um pouco distante, se bem que as pesquisas continuam com as máquinas inteligentes.

Isaac Asimov

Neste século XXI, foram lançados robôs domésticos. O mais vendido foi o aspirador robótico, ferramenta útil no dia a dia.

Um dos grupos que pesquisam o assunto é aquele que desenvolve a tecnologia da manipulação de átomos e moléculas, produzindo chips tão pequenos que devem ser medidos em nanômetros (1 nanômetro/nm equivale a 0,000000001 m).

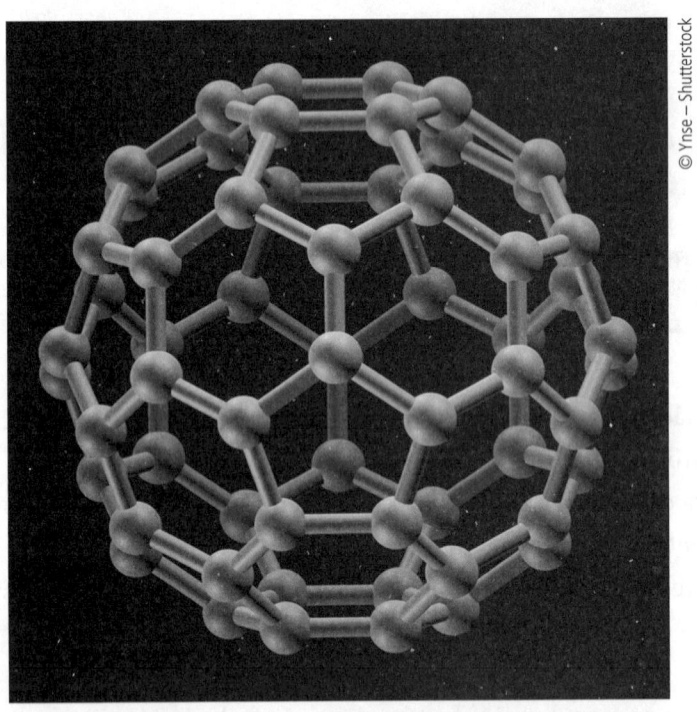

Nanopartículas: a produção de materiais átomo por átomo como o fulereno, que já é uma realidade, enche de esperanças e ideias pesquisadores da indústria, do comércio e, principalmente, da medicina.

Portanto, essa nanotecnologia já prepara nanorrobôs, que, uma vez introduzidos na corrente sanguínea, poderão fazer reparos em nosso organismo, localizar e remover células cancerosas, aplicar medicamentos *in loco* etc.

Podemos, hoje, implantar numa pessoa um chip de tamanho normal e localizá-la por meio de um sistema GPS. Tais chips, implantados sob a pele, em um dente ou num osso, são recursos, ainda longe da nanotecnologia, para localização de pessoas sequestradas.

ATIVIDADES

1) A população brasileira desfruta os benefícios trazidos pela informática nos últimos anos. Justifique a frase.

_____
_____
_____
_____
_____
_____
_____

2) Dois alunos do 9º ano foram fazer compras. Quando chegaram à loja encontraram o seguinte cartaz.

Estamos sem sistema

a) Quais as consequências desse problema?

_____
_____
_____
_____
_____

b) Quais as vantagens da internet nas lojas?

_____
_____
_____
_____
_____

3 Pesquise em que regiões do país a porcentagem de pessoas que utilizam a internet é maior.
___
___
___
___
___

4 Pesquise a evolução que ocorreu nos últimos anos, nas mídias sociais como Orkut e Facebook.
___
___
___
___
___

5 Qual a diferença entre iPhone, smartphone e celular?
___
___
___
___
___
___
___

6 Qual a diferença entre o iPhone e o iPad?
___
___
___
___
___
___
___